なぜ？

ストレスチェックを導入した会社は伸びたのか？

臨床心理士
特定社会保険労務士
植田 健太

装　丁
Creative Direction　山下秀一
Cover　Design　西田夏海
株式会社 千明社

はじめに

　私は、臨床心理士の指定大学院を修了後、国内の大手EAP会社（企業のメンタルヘルス対策を実施する会社）に入社しました。あるとき人事の方から、「心理学的には分かったけれども、現場ではどうすれば良いの？」と聞かれ、答えることができませんでした。そのとき、「コンサルティングの立場で相手と接するのであれば、もっと会社の実際の姿を知らなければならない」と考え、思いきって一般企業の人事へと転職したのです。

　1社目は従業員が1,000人クラスと、まあまあの規模の企業でした。そして2社目は、単体でも数万人、連結で数十万人という大企業でした。両社を経験して感じたのは、規模の大小にかかわらず、会社のメンタルヘルス対策に応えてくれる相手（相談相手）がほとんどいないという現実でした。

　会社に勤める前は、会社には顧問弁護士がいてその人たちがさまざまなトラブルから守ってくれるものだと思いこんでいました。しかしながら現実は、大きくなればなるほど、業務分掌がはっきりとしていて、たとえば弁護士は法務部、弁理士は知的財産部、税理士や公認会計士は経理部にと、それぞれを担当する専門家が違うのです。

　そんななか、人事部を担当するのは誰なのでしょうか？　実際には労務問題に詳しい弁護士が顧問として入っているのはまれなケースで、社会保険労務士が顧問に入っている会社も、そうはないと思います。そう、案外、人事

部は相談する相手がいないと悩んでいるのです。

　人事の仕事というのは、普段は目立たないものなのですが、いざ目立つとなったときは、おおよそ会社がトラブルや事件に巻き込まれたときということになります。これはよく理解していただけると思います。

　とはいえ、本来であれば人事の仕事は、トラブル処理が先に立つのではなく、こういったトラブルを予防するために、もっと能動的に、従業員が明るく働くことができる、生産性の高い職場をつくる仕組みを構築・維持・運用することであるはずです。

　人事部はあまり目立たないのですが、本当は会社の要です。だからこそ、ここがきちんとしていないと会社の維持・発展はありえません。

　私は約10年間、人事部で相談相手がいないという経験を経て、そのような相談先の受け皿になろうと「Office CPSR臨床心理士・社会保険労務士事務所」を設立しました。大手企業はEAP会社などの受け皿と考え、私はもっとも苦労をしているであろう、1,000人未満の会社に特化した「メンタルヘルス対策の企業コンサルテーションサービス」を提供しています。

　経営者として、暗い会社、人がどんどん辞めていく会社を目指す人なんているでしょうか？　利益はもちろん大切でしょうが、それと同じくらい、「明るく人が辞めない職場をつくりたい！　その結果、利益は上がるのだから！」と考える経営者がほとんどではないでしょうか。

　なにもわざわざ暗い、いやな雰囲気の職場をつくりたいと考える経営者はいないはずです。なかでも、本書を手に取っていただいた経営者や、人事の方は、きっと「もっと社内の雰囲気を明るくしたい！」「プラス思考で生産性を上げたい！」と思われていると思います。その答えは、本書で見つけて

いただけると、私は確信しています。
　1社でも社員のメンタルヘルス対策に取り組む会社が増え、日本の会社が活性化してくれればと思います。

植田 健太

Table of Contents

はじめに……………………………………………………………………… 3

Chapter 01
メンタルヘルス対策におけるストレスチェックとは？

1　メンタルヘルス不調とはどんな状態なのか ………………… 10
2　メンタルヘルス不調者が出ると職場はどうなるのか ……… 12
3　ストレスチェックっていったいどんなもの？ ……………… 15
4　ストレスチェックは健康診断のようなもの？ ……………… 19
5　心の専門家である臨床心理士からみたストレスチェック … 21
6　経営労務のプロである社労士からみたストレスチェック … 26

Chapter 02
ストレスチェックからみえる会社の姿

1　ストレスチェックの結果から何がわかるのか？ …………… 30
2　そもそも高ストレスとはどんな状況なのか？ ……………… 37
3　ストレスチェックの個人結果から知る従業員の状況 ……… 39
4　ストレスチェックの全体結果から知る従業員の状況 ……… 42

Chapter 03
ストレスチェックの導入法と活用法を知る

1　ストレスチェックの導入にあたっての準備 ………………… 48
2　どうやってストレスチェックを社員に受けてもらうのか？ … 54
3　ストレスチェック導入で変わった企業 ……………………… 56
4　こうすればストレスチェックは費用ではなく投資に変わる！… 61

Chapter 04
ストレスチェックだけじゃない、メンタルヘルス対策のイロハとは?

1. メンタルヘルス不調の兆しを逃さないようにする …………… 74
2. メンタルヘルス不調を兆しのうちに解消するために ………… 78
3. メンタルヘルス不調からの正しい復職手順 …………………… 82
4. 会社がモンスター社員をつくってしまうこともある? ……… 85
5. 生産性が高い職場で見られる共通の特徴 ……………………… 91
6. 頑張る人がより頑張れる環境をつくる ………………………… 94

Chapter 05
次の一歩をどう踏み出すか?

1. ストレスチェックから始まる社内制度改革の次の一手は? ……100
2. 産業医、そのほかメンタルヘルス対策支援者との連携法 ………105
3. 新人が辞めない環境づくりに必要なものは? …………………109
4. 積極的なメンタルヘルス対策への投資のススメ ………………112

付録
ストレスチェック導入の手順………………………………………………116

あとがき………………………………………………………………………132
参考文献………………………………………………………………………136

Chapter 01

メンタルヘルス対策における
ストレスチェックとは？

Chapter 01 | メンタルヘルス対策における ストレスチェックとは?

メンタルヘルス不調とはどんな状態なのか

　ここ数年、一般的な企業であっても、人事部などの管理部門ではなく、普通の事業部門や運営管理部門の中で「メンタルヘルス問題」や「メンタルヘルス不調」あるいは単に「メンタル」といった言葉を聞くことが珍しくなくなってきました。

　本来、メンタルヘルス不調とは「うつ病等の精神疾患」を指します。しかしながら現実には、もっと幅広い意味で用いられていて、「身体疾患以外で体調をくずしている状態のこと」を総称してメンタルヘルス不調と呼ぶことが多くなってきており、一般的な定義が難しくなっています。

　実際に、さまざまなかたちで催されているメンタルヘルス不調に関するセミナーでも、「メンタルヘルス不調はうつ病や適応障害といった精神障害である」として、その対応について説明されることもあれば、「メンタルヘルス不調はストレスにより心のバランスをくずした状態である」として、その対策について話が進むものもあります。

　このように、幅広い意味で用いられ、一般的な定義が難しくなってしまったメンタルヘルス不調という言葉ですが、本書では、主に「メンタルヘルス不調はストレスにより心のバランスをくずした状態である」として、解説していきたいと思います。

　さて、ではメンタルヘルス不調とはいったいどのような状態であり、そしてそのような状態に陥るきっかけとは、どのようなものなのでしょう。メンタルヘルス不調をきたす要因は、一つではありませんし、症状も人それぞれ

なのですが、まずは実際のケースを事例として紹介していきましょう。

事例 ─────────── Case

　研究開発職として〇〇社に入社し、3年目になる社員のAさんは、4月から、あるプロジェクトのリーダーを初めて任され、日々業務に打ち込んでいました。残業時間はかなり多めになっているようでしたが、上司のBさんは「一生懸命に頑張っているのだから」と、とくに気にはしませんでした。

　6月になっても、Aさんの残業の状況に変化はありませんでしたが、ときおり体調不良を口にするようになりました。疲労感や偏頭痛、軽い睡眠障害といった内容でしたが、会社を欠勤するようなこともなく、プロジェクトも順調に進んでいたため、周りのスタッフもとくにAさんを気遣うことはなく、また、このときもBさんは、はげます言葉を口にするだけでした。

　ところが、プロジェクトが佳境に入った7月、Aさんが体調不良を訴える回数が急に増えていきました。口数も減り、暗い表情を見せるようになりました。業務の進捗状況もはかばかしくありません。心配したBさんをはじめ、周囲のスタッフが病院へ行くことを強く勧めたこともあり、Aさんは受診することとなり、診察の結果、うつ病との診断が下りました。最終的にAさんは、休職に入ることになってしまいました。

　あとになってわかったことですが、Aさんの4〜6月における残業時間は、月におおよそ100時間ほどもあり、そういった仕事による負担に加え、Aさんの家庭では6月に大きな夫婦喧嘩が起きており、それ以来、不和状態が続いていたとのことでした。

この事例では、メンタルヘルス不調に陥るきっかけとして、新たな業務による環境の変化や、長時間の残業、プライベートでの問題などが見受けられます。しかし、これらが複合的に影響したものなのか、それとも、どれか1つであっても発症していたかどうかはわかりません。

　また、このときの不調の内容としては、疲労感や偏頭痛、軽い睡眠障害といった体調不良、口数の減少や表情が暗くなる、業務効率の低下などがあげられます。このように、目にみえるようなかたちで予兆が出ていたのですから、その時点で何らかの対応ができていれば、ひょっとしたら結末は違っていたかもしれません。

　メンタルヘルス不調は、かならず兆候が出るもので、そういった兆候をいち早く発見することが、その後の結果によい影響を及ぼします。ですから早期発見が大切なのです。

　この早期発見という意味できっかけの一つとなるのが、本書のテーマである「ストレスチェック」です。早期発見によりメンタルヘルス不調を未然に防ぐことができれば、それだけメリットを得られます。だからこそ、ストレスチェックは、義務化されたからやるというものではなく、メンタルヘルス不調の1次予防のよいツールとして活用するという考え方が大切なのです。

メンタルヘルス不調者が出ると職場はどうなるのか

　では、メンタルヘルス不調者が出ると職場はいったいどうなってしまうのでしょうか？　本人が復調すれば問題ありませんが、悪化によって休職することになると、そこから悪循環が起こるケースが多くみられます。

　次の図をみてください。

図 01-1 メンタルヘルス不調悪循環の図

Figure

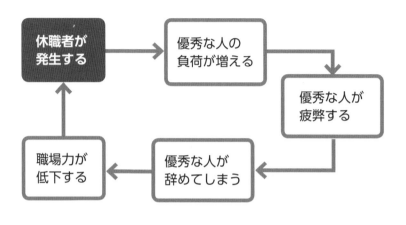

　これは、私が普段説明するときに使っている、「メンタルヘルス不調悪循環の図」です。タイトルを聞いただけで、鳥肌が立ちそうですが、実際に人事をしていた頃のことや、顧問先での相談を踏まえて私が作成したものであり、そのサイクルをみてもらえば、メンタルヘルス不調者の対応をしたことがある経営者や人事労務担当者の方には、きっと納得いただける図だと思います。

　スタートは左上の休職者発生です。何らかの事情でメンタルヘルス不調をきたして、休職に入ってしまった人がいたとします。そうすると、職場ではだんだんと優秀な人への負担が増えていきます（優秀な人だけというのが特徴的なポイントです）。

　その結果、その優秀な人は当然どんどん疲弊していき、残念ながらいずれは退職へと向かってしまいます。そうなるとさらなる人員減が起こります。とくに優秀な人材を失うわけですから、部署全体のマンパワーも、全体的な

スキルや能力も下がります。つまり、職場力が低下するわけです。それにより、また休職者が発生する……といったような負のスパイラルに陥ってしまうのです。

　メンタルヘルス不調を生み出す環境を放っておくと、メンタルヘルス不調者が発生し、職場力はどんどんと低下してしまいます。

　以前、ある数万人規模の会社に勤める産業医の先生とお話しする機会があったのですが、企業で1人が休むことによって起こる混乱として、次のようなものがあげられると聞きました。

❶物理的にも心理的にも大きな負担が上司にかかる
❷担当する者が時間的・労力的に対応に時間がかかる
❸職場復帰の見通しが立てにくく、復職後も影響が尾を引くことが多い
❹休職者の分の人的補充が行われることはない
❺休職者が担当していた業務は、同僚の間で分担することになる
❻残された（とくに仕事のできる）人の負担が増す
❼休職が長期化すれば、当初は同情的であった周囲の人たちもマイナスの感情を抱くようになる
❽職場の雰囲気も悪くなる
❾「次は自分がなるのではないか」と思う人も出てくる

　このなかでもとくに印象に残ったのが、❹の「休職者の分の人的補充が行われることはない」と断言されていたことでした。

　お話しした産業医の先生は、数万人規模の会社の産業医をされている方です。そのような規模の会社であっても、「休職者が出たからといってすぐに

人が補充されることはない」というのです。中小企業であれば、もう言わずもがなという話でしょう。

❼〜❾は実際に休職者がいる職場ではよくみられる現象といえます。こういった職場はなにか雰囲気が暗くなりがちで、生産性も高くはなりません。「次は自分の番かも……」とおびえながら働くのと、安心して働くのでは、発揮されるパフォーマンスはもちろん、職場定着率にも差が出るのは明らかです。

「心の病気」は見かけ上、社員という個人に現れますが、その背後には過度のストレスやコミュニケーション不足、さまざまなハラスメント、不適切なマネジメント、過重労働……と、多くの問題が存在しています。ストレスが管理されていない職場は間違いなく「休業」や「事故」などが起こりやすいといえます。そうなれば、前述の通り、負のスパイラルに陥っていくだけです。

だからこそ、企業の収益・生産性に直結する「組織としての重大課題」として、メンタルヘルス不調対策に取り組んでいく必要性があるのです。

❸ ストレスチェックっていったいどんなもの？

さて、さきほど私は、ストレスチェックがメンタルヘルス不調を早期にみつける、一つのきっかけになりうると書きました。

私は「社長専属カウンセラー」と名乗っていることもあって、日頃から多くの経営者とお話しをする機会がありますが、このストレスチェックの話をするときに、ほとんどの経営者から真っ先に聞かれるのが、「そもそもストレスチェックってなんですか？」というものなのです。

本書のタイトルにも使っていますが、そもそもどういったものなのでしょうか？　シンプルにいえば、ストレスチェックは、労働者に質問に答えても

らい、その結果をもとに、現時点で受けているストレスの状況を把握する質問調査、ということになります。
　この目的に沿うものは、形式的にはすべてストレスチェックということになりますから、いろいろなストレスチェックが存在します。
　ひとまずは代表的なものを例としてあげて説明します。

図 01-2
ストレスチェックの例

最近1ヵ月間のあなたの状態についてうかがいます。最もあてはまるものに○をつけてください。

		ほとんどなかった ↓	時々あった ↓	しばしばあった ↓	ほとんどいつもあった ↓
1	活気がわいてくる	1	2	3	4
2	元気がいっぱいだ	1	2	3	4
3	生き生きする	1	2	3	4
4	怒りを感じる	1	2	3	4
5	内心腹立たしい	1	2	3	4
6	イライラしている	1	2	3	4
7	ひどく疲れた	1	2	3	4
8	へとへとだ	1	2	3	4
9	だるい	1	2	3	4
10	気がはりつめている	1	2	3	4
11	不安だ	1	2	3	4
12	落ち着かない	1	2	3	4
13	ゆううつだ	1	2	3	4
14	何をするのも面倒だ	1	2	3	4
15	物事に集中できない	1	2	3	4
16	気分が晴れない	1	2	3	4
17	仕事が手につかない	1	2	3	4
18	悲しいと感じる	1	2	3	4
19	めまいがする	1	2	3	4
20	身体のふしぶしが痛む	1	2	3	4

図01-2のストレスチェックは、心理学の世界では「質問紙法」と呼ばれるもので、自記入式のアンケートになっています。質問項目を4～5段階に区分して、現在の自分が当てはまる状態をチェックする（たとえば「そうだ」「まあそうだ」「ややちがう」「ちがう」といったかたちで回答する）ものです。
　イメージとしては、商業施設などで行われる顧客満足度アンケートや、会社採用試験のときの適性検査が近いかもしれません。今の心の状態について、アンケートのように1問ずつ回答していくことで、自身のストレスの状態を数値化することができるのです。

　さて、ここで一つ、みなさんの誤解を解いておきたいと思います。この本の読者も、ほとんどの方が思われていると思うのですが、このストレスチェックについて、「今回の法改正に合わせて、新しく作られたシステムではないか」という印象をおもちかと思います。しかし、実はそうではないのです。
　ストレスチェックは、「職業性ストレスモデル」という考え方がもとになっています。これは職場において、どんなことがストレスを高める要因となり、メンタルヘルスを悪化させるのか、あるいは逆に、ストレスを低減させる要因になるのかといったことをモデル化したもので、非常に古くからある考え方なのです。
　ストレスモデルにはさまざまな種類があり、アメリカの国立労働安全衛生研究所（NIOSH）が提唱した「NIOSH 職業性ストレスモデル」がとくに有名ですが、日本でも1995年に、当時の厚生省（現在の厚生労働省）が「労働の場におけるストレス及びその健康影響に関する研究」として研究を始め、1997年に「職業性ストレス簡易調査票」が完成しました。
　これまでの日本における職業性ストレスの調査では、この「職業性ストレス簡易調査票」が広く用いられてきており、この本で説明する「ストレスチェック」が生まれる端緒となったわけです。

さて、話を元に戻しましょう。

今回の法改正で、ストレスチェックが義務化されたわけですが、その際はこの「職業性ストレス簡易調査票」で用いられた57項目の質問を使うのが望ましいという指針が出ています。そのため、法改正への対応としては、このストレスチェックを利用することがよいでしょう。

ところで、さきほど商業施設などで行われる顧客満足度アンケートや、会社の採用試験のときの適性検査が近いかもしれないと書きましたが、街のアンケート調査と違う点として、ストレスチェックは標準化（数字の1点が全国的に同じ意味をもつこと）されており、あくまで統計学的に処理されるということがポイントになります。

これがどういう意味をもつのかというと、人間にとって、今の心の状態を客観的に把握することは意外に難しいものです。大げさにいえば、このストレスチェックを使えば「きょうは○点なぐらい落ち込んでいるんだ」とか、「きょうは気分がすぐれない気がしたけれども、ストレスチェックをしてみたら、きのうよりは○点分、状態はいいようだ」などというように、デジタルにそのときの状態を把握することができます。つまり、客観的に今の状態を把握する「ものさし」になるということです。

ストレスチェックの実施は、客観的に自身を理解するきっかけとなり、ストレスへの関心が高まる効果が見込めるにちがいありません。

ストレスチェックは健康診断のようなもの？

ところで、このストレスチェックを、事業者が行う労働者の安全管理という意味で、「健康診断」と対比して考える方もいるようです。

ご存じかとは思いますが、健康診断は職場における労働者の安全と衛生に

ついて定めた「労働安全衛生法」という法律のなかで、「事業者は、労働者に対し、厚生労働省令で定めるところにより、医師による健康診断を行なわなければならない（第66条）」と、決められています（健康診断は、会社の規模は関係なく、たとえ1人でも人を雇えば、健康診断を受けさせる義務が発生します）。

　その費用については、事業者が負担することになっており、事業者は、健康診断の結果、異常があると診断された労働者に対して、健康のための措置について、医師の意見を聴かなければなりません。なお、健康診断の結果については、事業者は健康診断個人票を作成して、原則として5年間保管しなければなりません。

　ではストレスチェックはどうかというと、健康診断と同様に労働安全衛生法で決められているのです。労働安全衛生法の一部を改正する法律（平成26年法律第82号）で「事業者は労働者に対し、医師等による心理的な負担の程度を把握するための検査を行わなければならない」と、新たに定められました。

　健康診断については、1人でも従業員がいれば受けさせなければなりませんが（義務）、ストレスチェックについては、当面の間は労働者数50人未満の事業場について「努力義務」としています（義務であることは変わりありません）。そしてその費用については、健康診断と同様に、事業者の負担となります。

　ストレスチェックの結果、一定の要件に該当する労働者（高いストレスがかかっている労働者＝高ストレス者）から申し出があった場合、医師による面接指導を実施することが事業者の義務となります。なお、この申し出を理由として、労働者に不利益な取扱いを行うことは禁止されています。

　また事業者は、この面接指導の結果と医師の意見を踏まえ、必要性が認められるときは、就業上の措置を講じる義務があります。

と、このように、たしかに健康診断と対比すると、似ているところがあるのですが、実は一つ大きな違いがあります。健康診断と異なり、ストレスチェックの結果について、事業者は個人を特定しない全体のデータは確認することができるのですが、個人の結果については、従業員の同意がないかぎりみることができません。

　詳しい内容については、あとでお話ししていきたいと思いますが、たしかに「健康診断」は肉体面での健康の確認であり、対して「ストレスチェック」は、精神面での健康の確認といったところだと考えると、わかりやすいかもしれません。

心の専門家である臨床心理士からみたストレスチェック

　さて、今回の「ストレスチェックの義務化」というのは、企業にとってどのような必要性と重要性が考えられるのでしょうか？　まずは心の専門家である「臨床心理士」としての視点からお話ししていきたいと思います。

　臨床心理士としての立場からいえば、このストレスチェックの義務化はとても歓迎すべきことです。これまでメンタルヘルス対策といえば、比較的潤沢な資金をもつ、1,000人以上の従業員をかかえる大企業を中心に行われてきたといっても過言ではありません。私自身、実務家としてストレスチェックを活用し、その後のメンタルヘルス対策につなげるといったような支援は、大企業でしか実施したことはありませんでした。

　多くの中小企業では、メンタルヘルス対策が義務化されていなかったこともあり、実質的には対策はほとんど行われてこなかったのが現実です。しかし、今回の法改正により、中小企業においても「少なくともストレスチェックは実施しなければならない」ことになったわけです。「メンタルヘルス対策は大企業だけがやるもの」という考え方から、「中小の企業であっても、

ストレスチェックを通じて、メンタルヘルス対策に取り組まなければならない」という方向へ向かう、まさに大変革となります。私は、このところことあるごとに「2015年は企業のメンタルヘルス元年である」というようにしています。

　あとでお話ししますが、私は以前から、メンタルヘルス対策は単なる費用ではなく、投資としての効果があると多くの方に説明してきました。「中小の企業であっても、ストレスチェックを通じて、メンタルヘルス対策に取り組まなければならない」というきっかけがつくられたわけですから、もっとしっかりとメンタルヘルス対策に向きあってほしいと思っています。

　一方で、気がかりな点もあります。ストレスチェックはいうなればただのアンケート調査であって、単にストレスチェックを実施するだけでは、メンタルヘルス対策としての効果は期待できません。それがしっかりと伝わっているのかどうかは、今後の動向をみてみなければわからないでしょう。

　また、今回ストレスチェックとして推奨されている「職業性ストレス簡易調査票」の内容が、ストレスチェックにふさわしいものなのかという点については、個人的には疑問を感じていることもあります。

　職業性ストレス簡易調査票は、NIOSH職業性ストレスモデルに基づいて作成されています。このNIOSH職業性ストレスモデルでは、働く人のストレスにかかわる要因として、人間関係や仕事量といった「職場のストレス要因」のほかに、性格や年齢などの「個人的要因」、家庭問題などの「仕事以外の要因」、さらに、上司や同僚からのサポートでストレスを減らす「緩衝要因」があげられています。

図 01-3 NIOSHの職業性ストレスモデル

National Institute for Occupational Safety and Health（米国立労働安全衛生研究所）
職業性ストレスモデルをもとに一部改変

図01-3をみてもらえればわかると思うのですが、どちらかというとNIOSHの職業性ストレスモデルでは、1．仕事のコントロール（仕事の裁量権、自由度）、2．仕事の量的負担（仕事量が多い、責任が重い、時間に追われるなどの負担）、3．同僚による支援（同僚との相互補完等）、4．上司の支援（上司の業務マネジメントや声かけ）を重視し、いかにこの4つの要因をよくするかを重視しているといえます。

　しかしながら、現実のシチュエーションのなかでは、仕事の量を減らしたりするといったことは、すぐには実施しにくいものです。いくらストレスがたまっているとはいえ、与えられた仕事を本人が勝手にセーブしてしまっては、業務が立ちいかなくなるでしょう。

　ではその上司であれば、すぐに対応できるかといえば、これも実際には、部署全体の人的要素を踏まえて対応しなければなりませんから、やっぱり難しいはずです。となると、打つべき手がありませんよね。

　臨床心理士のなかでも「認知行動療法」を専門とする私は、認知行動理論に基づいてストレスを理解し、実際の支援に用いています。認知行動理論では、ストレッサー（ストレスを引き起こす物理的・精神的因子のこと）をどう捉えるかに主眼を置き、認知と行動と身体と気分は相互に影響しあっていると考えています。さきほどの仕事の量が多い場合は、仕事が多いという客観的な事実ではなく、仕事が多いと感じている認知を変容することでストレス反応を低減させるといった方法をとるべきだと考えます。

　認知の例として、宝くじに当たった場合を紹介したいと思います。宝くじに当たったとき皆様はどのように考えるでしょうか？　「ラッキー」「何に使おう」などと考えたり、人によっては「配偶者にどうやって隠そう」とか「ローンが返せる」などと考えるようです。ただ多くの場合、ポジティブに考えてその結果気分はウキウキするものです。しかしながら、例えばうつ病の人に宝くじが当たったときどう考えますか？　と聞くと「何か悪いことが起きるに違いない」「何か悪いことの予兆だ」などネガティブに捉えるようです。

その結果、気分も落ち込んでしまい、行動も消極的になっていくのです。これは、客観的な事実は同じだったとしても、認知によってその後の反応が変わるというよい例です。仕事に対する認知も同じで、客観的な事実は同じであったとしても、それをどう捉えるかでその後のストレス反応も変わってくるのです。

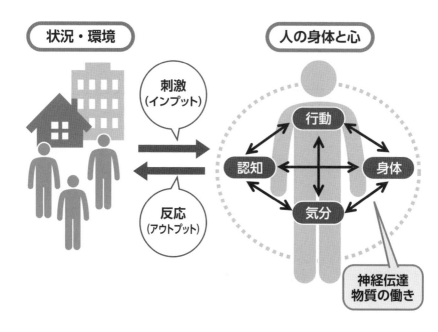

図 01-4 ストレスから受ける刺激による反応

今回の法改正に基づくストレスチェックでは、職業性ストレス簡易調査票を使うことが望ましいとされているため、この認知行動療法での対処には材

料が足りないのです。そういった意味では、少々物足りなさを感じてはいます。

しかしながら、このストレスチェックの義務化について、単にストレスチェックを実施するというだけではなく、その後の改善につなげていこうという気運が各企業に出てきているように感じられるのは、非常によいことだと思います。

経営労務のプロである社労士からみたストレスチェック

続いて、経営労務のプロフェッショナルである社会保険労務士としてストレスチェックをどう捉えているかをお話ししましょう。

社会保険労務士としての視点からいうと、「企業にとって外すことができない、重要な義務」が追加されたと考えています。

そもそも平成20年3月に施行された労働契約法により、「安全配慮義務」が明記されるようになってから、企業がその義務を果たしているかどうかが、年々厳しく問われるようになってきました。

安全配慮義務とは？
　従来は労働基準法では明文化されておらず、判例によって確立されていた概念であったが、近年、労働契約法に明文化された（2008年）。

労働契約法　第5条（労働者の安全への配慮）
　使用者は、労働契約に伴い、労働者がその生命、身体等の安全を確保しつつ労働することができるよう、必要な配慮をするものとする。

そんななか、今回の労働安全衛生法の改正により、ストレスチェックが義務化されました。従業員数50人以上の事業場については「義務」であり、50人未満の事業場については「努力義務」となっていますが、「義務」であることにかわりはありません。

　仮に努力義務である50人未満の事業場であったとしても、ストレスチェックを実施していないなかで、メンタルヘルス問題に起因する労災などが起こったとすれば、労働安全衛生法上は問題ないとしても、企業として必要な義務を果たしていたとはいえず、万一訴訟となった場合、ほぼ100パーセント負けることになるでしょう。このことを考えれば、企業は経営リスクとして捉え、ストレスチェックを必ず実施しなければならなくなったともいえます。それゆえ、社会保険労務士としては、クライアント企業のストレスチェック導入を進めていく必要があると考えます。

　企業にとって、新たな「義務」が増えたということで、「負担が増えた」と考えられてしまうかもしれません。たしかに「ストレスチェックを実施する」という行為だけを考えれば、手間と負担が増えるように思えます。しかし、このストレスチェックを目いっぱい活用することができれば、企業にとっては元を取るどころか、むしろ元以上のものが得られるようになるのです。

　ですから、社会保険労務士としては、「法律で決められたのでやらなければならない」という観点から説明はしますが、どうせやるからには、「かけた分以上の元を取りましょう」とお話ししています。

　ではそのためにどうすればよいのでしょうか？　具体的な点について、**Chapter 02** で説明していきたいと思います。

Chapter 02

ストレスチェックからみえる会社の姿

Chapter 02 ストレスチェックからみえる会社の姿

ストレスチェックの結果から何がわかるのか？

　さて、**Chapter 01** ではおおまかなストレスチェックの内容についてお話ししてきましたが、実際にこのストレスチェックを実施すると、どのようなことがわかるのでしょうか？

　実はストレスチェックによってわかることが2つあります。1つは、「個人結果」で、これはストレスチェックを受けた従業員が、自身の結果を知るものです。

　次ページの 図02-1 と 図02-2 で、個人結果として受け取るレポートのサンプルを紹介しています。

02-1 ストレスチェック個人結果の例① ———— Figure

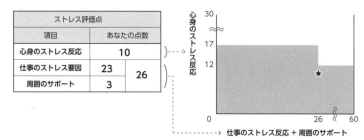

図 02-2
ストレスチェック個人結果の例②

Figure

No. 101857
山田　太郎　様

○○○○株式会社
生産管理部

あなたのストレス状況を、1点から5点で評価した結果を、レーダーチャートで表示したものです。点数が高く、チャートが大きくなるほど、良好な状況であるといえ、逆に点数が低く、グレーゾーン（1点台）になっている項目は、ストレス度が高いといえます。

ストレスの原因と考えられる仕事の因子について

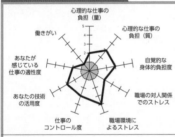

Coment.
上のレーダーチャートで、数値が小さい項目が、あなたが感じている仕事上のストレス因子だと考えられます。
今回のあなたの量的負担、質的負担、対人関係上のストレス、仕事のコントロール度での問題はありませんでした。

心身のストレス反応について

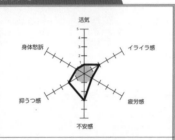

Coment.
心身のストレス反応の結果からは、疲労感や倦怠感を強く感じていて、活気が低くなっていることがわかります。
ここしばらく、睡眠はとれていますか？　もしもあまり眠れていないというようであれば、医師等に相談するようにしましょう。

ストレス反応に影響を与える他の因子

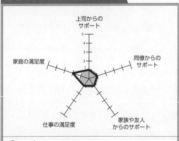

Coment.
ストレスに影響がある他の因子として、職場での人間関係にやや心配な点がみられます。また、家族や友人との関係についても、心配があります。
現在のお仕事の状況はいかがでしょうか？　ときには趣味や興味のあることに取り組むなど、気持ちをリフレッシュさせてあげましょう。

総合コメント

今回のチェックからは、わずかながらストレスのサインが見られました。これをきっかけとして、こころと身体の健康管理に気をつけていきましょう。
一人で悩みを抱えこんだりはせずに、周囲に悩みを相談することも良いでしょう。
また、産業医や専門家に相談することも、一つの方向です。
専門的な助言を受けることによって、自分では気がつかなかった解決策が見つかることがあるかもしれません。

ストレスチェック実施日：201X年10月1日

ストレスチェックにはいくつかの種類があり、それぞれ記載される内容が若干異なります。たとえば 図02-2 のストレスチェックのサンプルでは、現状の「ストレスの状況」と、そのストレスの「原因と考えられる仕事上の要因（因子）」に加え、「心身のストレス反応」と「ストレスに影響を与えるその他の要因（因子）」、そしてそれらを踏まえたうえでの総合コメントが記されています。

　これをみることにより、ストレスチェックを受けた従業員は、それぞれの面での客観的な評価を得て、自身を冷静に捉えることができるようになります。

　実はこの「自身の状態に気づく」ということがとても大切なのです。私自身、カウンセラーとしてストレスマネジメントを多く行ってきましたが、ストレスマネジメントの第一歩は、なにより自分自身の状態に気づくことなのです。ケースによっては、自身の状態を客観的に把握するだけで、ストレス反応が下がることすらあります。

　このストレスチェックの結果により、自身では気づいていなかった危険サインを把握することで、早めに休養をとることができれば、長期化することなくストレスを解消することもできるようになるはずです。そういった点で活用が期待されているのです。

　もう1つですが、これは「個人結果」とは逆の「集団的分析」となります。ストレスチェックを実施すると、受検者の全体的なデータが集まりますが、これを分析することが今回、事業者（会社）の努力義務として課されることになりました（これを厚生労働省では「集団的分析」と呼んでいるため、本書でもそう表記します）。

　集団的分析とは、個々人のストレスチェックの結果を、全体として集計したものです。たとえば全社、部署ごとなどで区切り、全国平均との比較や業界平均との比較、あるいは部署間の比較をすることで、よりよい環境をつく

るための改善に活かしていくことができるというものです。
　次ページの 図02-3 と 図02-4 で、集団的分析として企業が受け取るレポートのサンプルを紹介しています。

図 02-3
ストレスチェック集団的分析の例①

職場のストレス診断　結果

○○○○株式会社　様

ストレスチェック実施年月：201X年10月
受検者数：77名

尺度	平均点	健康リスク	全国平均
仕事の量的負担（※）	9.1	106	8.6
仕事のコントロール（自由）度	7.5		7.8
上司の支援	8.4	90	7.5
同僚の支援	8.3		8.0
総合した健康リスク		95	100

※のみ数値が低い方が良い

*「職場のストレス評価」は、職業性ストレス簡易調査票の個人結果を事業所・部門ごとに集計したものであり、各項目の数値は、以下の内容となります。
・「平均」：1点から5点の標準化点の平均値　　・「多い」〜「少ない」、「高い」〜「低い」：回答者の人数・割合

I.現在の仕事のストレス状況	平均	多い	やや多い	普通	やや少ない	少ない	全国平均
①仕事量の負担	2.65	7 / 9.1%	23 / 29.9%	39 / 50.6%	6 / 7.8%	2 / 2.6%	2.14
②仕事の質的負担	2.47	11 / 14.3%	32 / 41.6%	24 / 31.2%	7 / 9.1%	3 / 3.9%	2.16
③身体的な負担	2.18	27 / 35.1%	19 / 24.7%	21 / 27.3%	10 / 13.0%	0 / 0.0%	2.49
④職場の対人関係でのストレス	3.10	4 / 5.2%	19 / 24.7%	28 / 36.4%	17 / 22.1%	9 / 11.7%	2.88
⑤職場環境（物理的）によるストレス	3.22	3 / 3.9%	11 / 14.3%	40 / 51.9%	12 / 15.6%	11 / 14.3%	2.78

	平均	低い	やや低い	普通	やや高い	高い	
⑥仕事のコントロール（自由）度	3.18	1 / 1.3%	12 / 15.6%	41 / 53.2%	18 / 23.4%	5 / 6.5%	2.53
⑦技能の活用度	3.12	4 / 5.2%	7 / 9.1%	42 / 54.5%	24 / 31.2%	0 / 0.0%	2.92
⑧仕事の適性度	3.00	3 / 3.9%	20 / 26.0%	41 / 53.2%	0 / 0.0%	13 / 16.9%	3.00
⑨働きがい	3.64	1 / 1.3%	11 / 14.3%	34 / 44.2%	0 / 0.0%	31 / 40.3%	2.87

I.現在の仕事のストレス状況

［グラフの見方について］
レーダーグラフの分布が中央(1.5)に近づくほどストレスが大きく外側(4.5)に広がるほど、ストレスが少ないといえます。

　　○○○○株式会社　様
　　同業種基準
　　全国平均

*全国平均値等は、平成21-23年度厚生労働科学研究費補助金(労働安全衛生総合研究事業「労働者のメンタルヘルス不調の第一次予防の浸透手法に関する調査研究」として、2012年2月に公開されたデータを用いておりますが、参考集団数が低いため、あくまで参考程度と考えてください。

図 02-4
ストレスチェック集団的分析の例②

職場のストレス診断　結果

II.ストレス反応	平均	少ない	やや少ない	普通	やや多い	多い	全国平均
①活気	3.00	11 14.3%	12 15.6%	26 33.6%	22 28.6%	6 7.8%	2.26
	平均	多い	やや多い	普通	やや少ない	少ない	
②イライラ感	2.75	10 13.0%	22 28.6%	27 35.1%	13 16.9%	5 6.5%	2.70
③疲労感	2.70	12 15.6%	21 27.3%	29 37.7%	8 10.4%	7 9.1%	2.70
④不安感	2.84	9 11.7%	20 26.0%	29 37.7%	12 15.6%	7 9.1%	2.87
⑤抑うつ感	3.04	7 9.1%	23 29.9%	20 26.0%	14 18.2%	13 16.9%	3.27
⑥身体愁訴	2.73	9 11.7%	24 31.2%	26 33.8%	15 19.5%	3 3.9%	3.22

III.影響を与える他の因子	平均	少ない	やや少ない	普通	やや多い	多い	全国平均
①上司からのサポート	3.62	1 1.3%	10 13.0%	23 29.9%	26 33.8%	17 22.1%	2.37
②同僚からのサポート	2.90	7 9.1%	20 26.0%	32 41.6%	10 13.0%	8 10.4%	2.68
③家族や友人からのサポート	3.45	8 10.4%	15 19.5%	12 15.6%	18 23.4%	24 31.2%	3.31
④仕事の満足度	36.8	0 0.0%	9 11.7%	21 27.3%	33 42.9%	14 18.2%	2.83

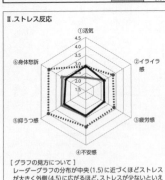

[グラフの見方について]
レーダーグラフの分布が中央(1.5)に近づくほどストレスが大きく外側(4.5)に広がるほど、ストレスが少ないといえます。

――― ○○○○株式会社 様
‥‥‥ 同業種基準　　――― 全国平均

高ストレス者数は **19** 人で 出現率は **24.7%** でした。

*健康リスクについて
健康リスクの全国平均値は100点です。100点より大きい値だと、健康状態が全国平均より悪く、100点未満なら、健康状態が全国平均より良いということになります。健康リスク値は、120点を超えるとストレス問題が顕在化している場合が多いとされています。「健康リスク　120点」とは、具体的には心理的ストレス反応、疾病休業、医師受診率等が、全国平均に比べて、1.2倍多い職場ということです。
(参考文献：平成11年度労働省「作業関連疾患の予防に関する研究」報告書／東京大学テクニカルノート)

また、ストレスチェックは従業員のストレス反応のほかに、「職場環境」についても同時に測定しています。これにより、「仕事の量的負担」や「仕事の質的負担」「身体的な負担」あるいは「職場の対人関係でのストレス」や「職場環境（物理的）によるストレス」、また「仕事のコントロール（自由）度」や「技能の活用度」「仕事の適正度」「働きがい」といったものについて、従業員がどう感じているかということを把握できます。

　以上のように、ストレスチェックを受検した従業員は、個人の客観的なストレス状況を知ることができ、また実施した会社側は、集計データとして、職場環境の改善のための大事な資料を得ることができるわけです。

そもそも高ストレスとはどんな状況なのか？

　ストレスチェックは、受検者の現段階でのストレスの状況をつかむことができますが、一般的な感覚として、「ストレスがかかっている人は、イライラしがち」だとか、「過度なストレスになると、倒れてしまう」とか、そんなイメージをおもちのことと思います。
　では、ストレスチェックによって判断する「高ストレス者」とはどんな人で、それによって、どんなリスクが起こりうるのでしょうか？
　まずは「高ストレス者」はどんな人なのか？　ということですが、厚生労働省が示している基準としては、大まかに次の2点に該当する人物ということになります。

> ❶「ストレスによって起こる心身の反応」の得点が高い人
> ❷「ストレスによって起こる心身の反応」がほどほどに高く、かつ「仕事のストレス要因」及び「周囲のサポート」に関する項目の評価点の合計が著しく高い人

これをもう少しわかりやすく説明すると、

> ❶「ストレスによって起こる心身の反応」の得点が高い人
>   ⇒ ストレス反応が単純に高い人
> ❷「ストレスによって起こる心身の反応」がほどほどに高く、かつ「仕事のストレス要因」及び「周囲のサポート」に関する項目の評価点の合計が著しく高い人
>   ⇒ ストレス反応がほどほどに高く、かつストレッサー(ストレスの要因)が多く、さらに緩衝(かんしょう)要因が少ない人(将来ストレス反応が高くなる可能性が高い人)

となります。ストレスによるストレス反応が高い人と、現時点ではほどほどに高いといったレベルではあるものの、ストレス要因が多数存在し、かつストレスを軽減する要因が少ないため、将来的にストレス反応が高くなる可能性が高い人だということです。

重要なのは、現時点でストレス反応が高いと判断されていなくても、将来的にストレスが高くなることが予想される人も「高ストレス者」として扱われるということです。これらは放置しておくとメンタルヘルス不調になりか

ねない人といえます。

　ストレスチェックの集団的分析をみる際には、職場全体としての平均値で職場の状況を判断するのはもちろん大切なのですが、高ストレス者がどれくらい（何人）いるのか、そしてその高ストレス者は、現状ストレスが高い人、あるいは将来的にストレスが高くなることが予想される人のどちらなのか？といったことまでみることが、職場本来の状態を正しく把握するためには必要となります。

ストレスチェックの個人結果から知る従業員の状況

　さきほどストレスチェックを行うと、「個人結果」と「集団的分析」の2つの結果が出るというお話しをしましたが、ストレスチェックにおける個人の結果は、労働者が同意しないかぎり会社は知ることができません。会社が知ることができるのは、全体のデータ分析のみとなります。もちろん労働者が同意すれば、個人の結果を会社は知ることができますが、同意を取るタイミングは、労働者がストレスチェックの結果を知った後でなければなりません。

　今回の改正労働安全衛生法では、従業員のストレス状況を「高度な個人情報」と捉えており、その保護には力をいれているということが、法律の条文からもみてとれます。

> 労働安全衛生法第66条の10（心理的な負担の程度を把握するための検査等）
> 2　事業者は、前項の規定により行う検査を受けた労働者に対し、厚生労働省令で定めるところにより、当該検査を行った医師等から当該検査の結果が通知されるようにしなければならない。この

> 場合において、当該医師等は、あらかじめ当該検査を受けた労働者の同意を得ないで、当該労働者の検査の結果を事業者に提供してはならない。
>
> 　　　　　　　　　　　　　　（労働安全衛生法より抜粋）

　ストレスチェック制度において、労働者のストレスの状況を正確に把握し、メンタルヘルス不調の防止及び職場環境の改善につなげるためには、事業場において、ストレスチェック制度に関する労働者の健康情報の保護が適切に行われることが極めて重要であり、事業者がストレスチェック制度に関する労働者の秘密を不正に入手するようなことがあってはなりません。
　このため、法第66条の10第2項の規定において、労働者の同意なくストレスチェック結果が事業者には提供されない仕組みとされているのです。

　従業員はストレスチェックの結果をみて、自身のストレス状態に関心をもつことが今回のストレスチェックでは期待されています。普段ストレスといってもあまり自身で考えることは少ないかもしれません。ですが、このストレスチェックを受けることで、「思ったよりもストレスが高いな、注意しよう」であったり、「身体反応が出ているな、早めに休養しよう」など、よい方向に活用できるようになるとよいと思います。そのためには、企業はストレスチェックだけを実施するのではなく、その後に研修などを同時に実施するなど、次の対策にどんどんとつなげていく工夫が、メンタルヘルス対策がうまくいくかどうかのポイントになるといえます。
　実はストレスチェックを受けた従業員以外に、唯一、この結果を知ることができる人物がいます。それはストレスチェックの実施者です。
　ここでいう実施者とは、従業員の所属する企業ではなく、その委託を受けて実施する医師または保健師（一定の要件を満たした看護師または精神保健

福祉士）です。この実施者はストレスチェックの結果を確認し、ストレス反応の結果が悪い、注意が必要な人に対しては面接を勧めるなどしなくてはいけません。

　高ストレスであると判断された従業員のうち希望する者は、医師による面談を申し出ることができます。厚生労働省では、従業員が面談を申し出た時点で、会社側に個人結果の開示を同意したものとみなすというルールになっています。すでにこのことは制度化されており、長時間労働の際に行われる面談のルールと全く同じルールになっています。具体的には費用は会社負担とし、医師による意見を聴取したうえで、事業主は配慮をする必要があるのです。

　なお、前述の通り、従業員の同意を取るタイミングは、従業員がストレスチェックの結果をみた以降でなければなりません。ですから、ストレスチェックの実施時に同意を取るといったことや、労働組合などと包括的に同意を取る（個人ではなく組合と一括して同意を得る）といった方法はできませんので、注意が必要となります。

　また、このとき企業が取得した個人結果は、5年間の保管義務が課せられることになります。

　保管方法、保管場所などは、調査審議したうえで事業者が決定し、それに基づいて事業者が管理する事業場内の保管場所（結果が紙の場合）、企業内ネットワークのサーバー内（結果がシステム上のデータの場合）、委託先である外部機関の保管場所等で保管することも可能です。ただし、この場合、当該実施事務従事者が責任をもってセキュリティの管理（システムへのログインパスワードの管理、キャビネット等の鍵の管理など）を行い、個人のストレスチェック結果が事業者を含めた第三者にみられないように厳密に管理を行うことが必要です。保存が必要な個人のストレスチェック結果の内容は、次の通りです。

❶個人のストレスチェックのデータ
　個人ごとの検査結果を数値、図表等で示したもの。調査票の各項目の点数の一覧または、個人のストレスプロフィールそのものでも差し支えない。
❷ストレスの程度（高ストレスに該当するかどうかを示した評価結果）
❸面接指導の対象者か否かの判定結果

　受検者が記入や入力した調査票の原票（原本）は、必ずしも保管しておく必要はありません。実際はデータで保管するというのが現実的な対応になってくるでしょう。

　外部委託業者に対しては、5年間の保存が望ましいとされています。義務化はされていませんが、契約などできちんと取り決めておくことが後々のトラブル防止のためにも大切でしょう。

ストレスチェックの全体結果から知る従業員の状況

　さて、前項では個人結果について説明をしましたが、同意を取る必要がない全体結果からは、どのようなことがわかるでしょうか？

　さきほどもお話しした通り、この集団的分析は、個々人のストレスチェックの結果を全体として集計したものです。たとえば会社全体や、部署ごとなどに区切り、全国平均との比較や業界平均との比較、あるいは部署間の比較をすることにより、その後の改善に活かしていくことを指します。

　ストレスチェックではストレス反応はもちろんですが、職場環境といえる

ものも同時に測定しています。たとえば、仕事の量的負担や質的負担、身体的負担、対人関係や職場環境、仕事のコントロール度や技能の活用度、仕事の適正、働き甲斐や周囲からのサポート、満足度等です。

　それぞれについて、簡単に説明しておきましょう。

①仕事の量的な負担や質的な負担

　仕事の量的な負担や質的な負担というのは、従業員の主観です。実際の仕事の量や質を減らすことは難しいかもしれませんが、どうしてそのように負担に感じている人が多いのか、負担に感じていない職場とは何が違うのかを検討することで、職場改善につながることがあります。ある企業の例では、仕事に対する事前の業務研修を丁寧に実施することで、仕事の量は変わらなくても、仕事に対する量的負担感や質的負担感が減少したという例があります。

②身体的負担

　身体的負担が多い場合は、職場の環境を変更することで解決することがあります。たとえばある小売店では多くの従業員が身体的負担を指摘していました。そこで休憩時間を2時間おきに設定することで、身体的負担が減ったという例があります。ほかにも単純に作業用の机の隣にサイドキャビネットを設置することで身体的負担が減ったという事例もあります。

③対人関係

　職場の人間関係が良好でないと、離職者が多かったり、ストレスが高い傾向があります。なかなか難しいのですが、のちほど解説する研修などを通じてコミュニケーションの活発な職場にしていくことが大切です。"職場は半径10メートルの対人関係"という言葉があるように、人間関係が悪い職場は改善が必要です。うまくいっている職場と比較してどうすればよいのか、

経営者は心をくだく必要があります。

④職場環境
　職場環境が悪い場合は、経営者はすぐに改善すべきです。ほかのストレス要因と比較して、改善することが簡単な項目だからです。例えば、暑い、寒い、うるさい等が該当します。暑いといった場合、エアコンや冷風機などを購入するといった方法は、比較的安価で一度投資するとその後、長く回収できる項目なので、すぐに実施することをお勧めしています。

⑤仕事のコントロール
　仕事のコントロール度が低い場合、ストレスが高まることが心理学的にはよく知られています。仕事の質や量の負担感が高かったとしても、このコントロール度が高いと従業員が感じるときストレスは低くなるといわれています。業務の質にもよりますが、管理職のマネジメントでうまくコントロール度を高く感じてもらうことや、人事制度や評価制度、業務改善をすることでコントロール度を高めていくことが大切であるといえます。

⑥技能の活用度
　技能の活用度が低いと、ストレス反応はもちろんモチベーションにも影響を及ぼしてしまいます。本人がもっていると思っているスキルが発揮できるような人事異動を検討することが大切です。そのためにも、自己申告制度等の人事制度をうまく活用し、社内の人材の最大活用を目指したいものです。この項目はストレスだけでなく、本人のやる気にも影響を及ぼすので私は大切なポイントであると考えています。よく経営者の方が、従業員のモチベーションを上げたいと相談に来られます。そのときに私がよくお聞きするのは、そもそも今モチベーションが高い人のケアをしていますか？　ということです。経営者の方は今モチベーションが低い人やほどほどの人に関心が向きが

ちです。しかしながら本当に大切なことは、今モチベーションが高い人がそのまま維持されることなのです。そしてモチベーションが高い人がきちんとケアされている姿をみて、ほかの従業員の人もモチベーションが高くなるのです。心理学的にはこのことをモデリングと呼んでいますが、見逃しがちな今モチベーションが高い人へフォーカスすること、それがとても大切なポイントであるといえます。

⑦仕事の適正度

　仕事の適正度が低いまま放っておくと、離職やモチベーションの低下にもつながります。技能の活用度と同じく人事制度を通じてうまく適性があると感じられる職場への配置を検討することが大切です。

　働き甲斐が低いという状態は、モチベーションが低下していることを意味しています。この数字が悪い職場は、何か問題があるのかもしれません。よい職場と比較して、どのようにすればこの数字が改善されるのか検討する必要があります。

⑧周囲からのサポート

　周囲からのサポートでは、上司、同僚、家族・友人からの３つのサポートを測定しています。これらが少ないと、いざストレスがかかったときに従業員は頑張ることができません。特に上司と同僚は会社生活そのものですから、この数字がよくなるよう職場へ介入していく必要があります。

　なお、今回の法改正では、この「集団的分析」が努力義務とされましたが、将来的には義務化される方向のようです。

Chapter 03

ストレスチェックの導入法と活用法を知る

Chapter 03 | ストレスチェックの導入法と活用法を知る

ストレスチェックの導入にあたっての準備

　ここでは、ストレスチェック導入のおおまかな流れと、概要をみていきたいと思います（具体的な導入の手順については、巻末に付録として収載しましたので、そちらを参考にしてください）。

　図03-1 は厚生労働省が発表した導入フローを簡略化した図です。これに基づき簡単に解説していきましょう。

図 03-1 ストレスチェックの導入フロー

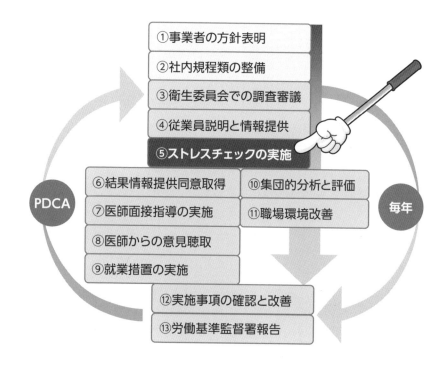

①事業者の方針表明（初年度のみ）

まずは事業者から従業員に対して、「ストレスチェック導入」による方針の表明があったうえで、衛生委員会（または安全衛生委員会）で調査、審議が行われます。これに基づき、衛生委員会（または安全衛生委員会）は今後その事業場でどのようにストレスチェックやメンタルヘルス対策を行っていくのか、また、メンタルヘルス対策についてどのように考えて取り扱ってい

くのかを、従業員に対して表明します。

「衛生委員会（または安全衛生委員会）」といっても、ピンとこないという方もいるかもしれませんので、軽く触れておきましょう。

「衛生委員会」は、労働者の健康障害防止のための基本となるべき対策や、健康の保持増進、労働災害の原因調査及び再発防止対策などについて事業者に対して意見を述べる労働者組織で、業種を問わず、常時50人以上の労働者を使用する事業場ごとに、設けなければならないものです。

林業、鉱業、建設業、運送業といった特定の業種については、衛生委員会のほかに、「安全委員会」の設置が義務づけられています。ただし、これらの業種については、衛生委員会と安全委員会の双方の役割を果たす、「安全衛生委員会」を設置することもできるとされています。

この衛生委員会（または安全衛生委員会）において、ストレスチェックの実施方法（たとえば誰が中心となって実施するのか、実施者である医師は誰か等）を協議します。そのうえで、従業員への説明と情報の提供を行い、ストレスチェックが導入される形となります。

②社内規程類の整備（初年度のみ）

ストレスチェック実施に関わる社内規程の整備を行います。たとえば、「メンタルヘルス対策規程」などを整備し、社内でのメンタルヘルス対策の基本方針を策定します。

図 03-2 メンタルヘルス対策規程の例

Figure

[登録番号] ○○○	メンタルヘルス対策規程	[主管部門] 人事部

第1章 総則

第1条（目的）
　この規程は、当社関係者の心の健康（以下、「メンタルヘルス」という）を確保するとともに、職場環境の快適化を促進し、もって当社のメンタルヘルス対策の向上を図ることを目的として、当社が行うメンタルヘルス対策に関する基本事項を定める。

第2条（適用範囲）
　この規程は、当社従業員に適用する。

第3条（関係法令の遵守とメンタルヘルス対策の目標）
　この規程の第4条以降に定める事項に関わらず、当社は、労働安全衛生法および労働安全衛生管理に関連する法令（以下「関係法令」という）に定められた事項を最低基準として遵守するとともに

③衛生委員会での調査審議

　①でも、同様のことをしたように感じられるかもしれませんが、まったく違う内容となります。2年目以降もストレスチェック実施後のメンタルヘルス対策の効果について調査審議をする必要があるということです。
　この調査審議を通じて、「やりっぱなしではないストレスチェック制度」やメンタルヘルス対策を続けていくことが望まれています。

④従業員説明と情報提供

　初年度については、実際にプライバシーが守られるのか、事後の措置として、どのようなサポートが受けられるのかを説明します。

次年度以降については、実際に事業所や部署全体のストレスの傾向はどうであったか、それを受けて会社はどのようにしようと考えているのかといったことなどを情報提供します。

ストレスチェックがやりっぱなしではなく、「きちんと自分たちの役に立つのだ」と感じてもらうためにも、この手続きはとても大切なポイントとなります。

⑤ストレスチェックの実施

実際にストレスチェックを実施します。実施そのものは、外部のストレスチェック提供機関を利用することになるでしょう。

多くのストレスチェック提供機関がこのフェーズのみを提供していますが、ストレスチェックを実施するだけでは大きな意味はなく、その前後を含めた期間におけるサポートが大事ですから、提供機関を選ぶ際にはしっかりと見極める必要があります。

⑥結果情報提供同意取得

ストレスチェックの結果（個人結果）を個人に返却します。本人が個人結果を事業主に提供することに同意し、その結果を受け取った場合には、事業主は受け取った結果を5年間は保管しなければならないということも、あわせて注意が必要です。

⑦医師等の面接指導の実施

ストレスチェックの結果が一定の要件に該当する労働者（高いストレスがかかっている労働者＝高ストレス者）がおり、かつ、その該当者について、医師が面接指導の対象と判断した人や、本人が希望する場合は、医師等による面接指導を実施しなくてはなりません。この場合の費用は事業主負担となります。

⑧医師等からの意見聴取

⑦による面接指導後は、事業主は医師等からの意見聴取をする必要があります。長時間労働の医師等の面接指導と同様の扱いとなり、同時に実施することも可能です。

⑨就業措置の実施

⑧により、医師等から就業措置（労働時間の短縮や、時間外労働の制限など）の必要性があるとの意見があった場合には、事業主は直ちに対処しなくてはなりません。

⑩集団的分析と評価

全社として、集団的分析を実施したうえで評価します（これは今のところ努力義務ですが、実施をお勧めします）。全国平均や同業他社の傾向と比較して、自社がどのような傾向にあるのかを検討することで、現在の環境を改善、またはさらによくするヒントがみつかります。

⑪職場環境改善

⑩を踏まえて、実際に職場の改善活動を行っていきます。どんなささいなことでも、積み重ねれば、大きな改革になりえますから、「小さなことからコツコツと……」という姿勢がとても大切です。

⑫実施事項の確認と改善

次年度以降に活かすために改善点を話し合うことが大切です。その後はさらに③の衛生委員会で検討していくことになります。

⑬労働基準監督署への報告

最終的に、実施を労働基準監督署へ報告します。もし年に複数回、ストレ

スチェックを実施するといった場合には、最後に実施した後に報告すれば大丈夫です。

② どうやってストレスチェックを社員に受けてもらうのか？

　さて、さきほど健康診断の話をしましたが、実施が義務づけられている健康診断を受診しない社員が少なくないという話をよく耳にします。健康診断でさえそんな具合ですから、ストレスチェックを導入しても、受検したがらない社員も出てくるかもしれません。

　実際に、ストレスチェックを導入したものの、なかなか社員が受けてくれないというのはよく聞く話です。

　私は、法改正でストレスチェックが義務化される前からストレスチェックの導入に携わってきましたが、ストレスチェックの受検率を向上させるにはいくつかのポイントがあると感じています。「受検率アップのポイント」として5つあげてみたいと思います。

①プライバシー保護がきちんと担保されていること
　個人のストレスの状況というのは、高度なプライバシー情報であり、あまり会社に知られたくないという人が少なくありません。自身の状態が悪いことを会社に知られてしまうと、今の仕事から外されたり、なにか不利益な取り扱いをされたりするのではないかと心配する声が多いのも事実です。

　そのような人に受検してもらうためには、プライバシーがきちんと確保されていることが大切です。会社は本人の同意なく、ストレスチェックの個人結果を知ることができないということや、これによって不利益な取り扱いはされないんだということを、きちんと伝えておくことが必要です。

　その意味では、ストレスチェック導入にあたって、衛生委員会の審議でき

ちんと労使間でプライバシーについてよく議論しておくことが大切でしょう。このことについては、今回の法改正でもかなり厳格に求められている要件となっていますので、ストレスチェック実施にあたっての必須事項といえるでしょう。

②従業員と使用者との信頼関係がきちんとあること
　いくらプライバシーは確保されているから大丈夫、不利益な取り扱いはしませんと説明しても、最終的には従業員と使用者との間に信頼関係がなければ、何事もうまくはいきません。
　もちろん、信頼関係はすぐに形成できるものではないのですが、逆にいえば、ここがすべての土台となるものですから、このストレスチェックを信頼関係構築の第一歩として考えてほしいと思います。

③ストレスチェックが特別なことではなく当然のように定着していること
　定期的にストレスチェックを実施していると、そのうちストレスチェックが何か特別なものではなく、当然のものとして定着してくるはずです。そうなるまで繰り返し、ストレスチェックを実施していくことが大切です。多くの企業で1回目よりも2回目、2回目よりも3回目以降の方が、ストレスチェックの受検率が高くなる傾向があります（逆に低くなっている場合には、何らかの問題が発生しているので、対応が必要です）。
　繰り返し、当たり前のものとして実施を続けるということも大切なポイントとなります。

④ストレスチェック後の施策がきちんと周知され理解されていること
　ストレスチェックは単に実施して終わりということではなく、きちんとその後の施策とリンクさせることが大切です。そのためにも、自身のストレスチェックの結果が悪かったときに、受検者が気軽に相談できる窓口をきちん

と設置し、ストレスチェックの結果の読み取り方の研修を実施したりすることが大切です。

　自分自身でストレスが高いと気づいても、それでおしまいとなってしまったのでは何の意味もないのです。要はストレスチェックをやりっぱなしにしないことが大切なのです。

⑤事業主が一貫して社員の健康に気をつけていることを表明していること
　②の信頼関係と近いのですが、事業主がきちんと社員の健康問題について考えている会社では、ストレスチェックの受検率が高いです。

　たとえば、私の知っているある会社では「安全なくして経営なし」と、社員の安全を社是にして、メンタルヘルス対策にも労使が一緒になって真摯に取り組んでいるのですが、やはりこういった会社は、ストレスチェックの受検率も高く、効果も高いです。

　普段から事業主の考えを表明しておくことが大切ですが、一貫性がある取り組みであることを伝える努力が必要だといえるでしょう。

　以上が受検率を上げる5つのポイントとなります。きちんと従業員に、必要性や重要性といったメッセージを伝え続けていること、一貫して取り組んでいることが大切なポイントであるといえます。

ストレスチェック導入で変わった企業

　では、ストレスチェックを導入した企業は、どのように変わっていくのでしょうか？　いくつかの事例を紹介してみたいと思います。

事例 集団的分析をうまく活用し職場特有のストレスを解消した会社 Case

　小売業のA社は、主に露店スタイルで飲食物の販売を行っています。ストレスチェックを導入し、集団的分析を実施したところ、ストレス反応自体は全国平均と比較してもそれほど高くなかったのですが、仕事のストレス要因のうち、身体的負担度だけが突出して高いという結果が出てきました。

　その結果を実施者と経営者とで協議したところ、社長のほうから「そうか！　うちは立ち仕事が多いから、このような結果が出ているんじゃないかな？　よし、では休憩時間を2時間おきに取れるように、就業規則を変更しよう！」という声が上がりました。

　実際にそのように就業規則を変更し、運用を変えたところ、その次に行ったストレスチェックでは、ストレス反応はもちろん、身体的負担度も全国平均よりもよい数字となりました。実際に行った施策という意味では、休憩時間の設定を変えただけです。しかしながら、集団的分析の結果、できることから改善していく、実施後はきちんと効果を測定する、というストレスチェックの大事なポイントを知ることができる例であると考えられます。

もう一つ、事例をみてみましょう。

四半期ごとの実施でストレスチェックが定着している会社　Case

　IT企業のB社は、主にシステムの開発を行っています。B社では5年ほど前から、四半期ごとにストレスチェックを実施してきましたが、開始当初の回答率は80％ほどでした。ところがここ数年は、ほぼ100％を維持しています。B社の従業員にとってストレスチェックに回答することはもはや当たり前であり、さらにいうならば、自身の健康管理は自身でするものだ、よい仕事をするためには健康であることが要件であるという考えが社内的にも共有されています。このように継続的にストレスチェックを実施することにより、受検率が向上するのはもちろん、そもそもどうしてストレスチェックを実施するのか、ストレスチェックの本来の目的である健康で勤務するという意識づくりが形成されているのが大切なポイントです。

　新しい制度であるストレスチェックは、単にやればよいというものではありません。きちんと本来の目的であるメンタルヘルス対策を通じて業務効率の向上や業績が上がる組織づくりができることを目標にして導入すべきということがわかる例といえるでしょう。

　このように、プラスの影響を与えることがほとんどではありますが、ときおり、失敗ともいえる例もみられます。参考までに、反面教師の例としてあげておきます。

事例 ストレスチェックを実施したものの一過性で終わった会社　Case

　製造業のC社は、主に半導体製造のための機械を作っています。C社では、ストレスチェックを実施し、集団的分析を行いましたが、その結果、ある特定の部署のみが、ストレス反応をはじめとして、よい結果が出ました。

　よい結果が出るということは、本来は喜ばしいことのはずなのですが、その部署の担当取締役は「このような結果が公表されてしまうと、他の部署から仕事を押しつけられたり、人員を減らされたりしてしまう」と考えて、職権で結果を公表せず、まるでなかったことにしてしまったのです。

　せっかく実施したストレスチェックでしたが、なにかの結果が報告されたわけでもなく、また、なにか現状の改善策が提案されることもなかったため、社内では「ストレスチェックなんてやっても時間の無駄だ」という空気が蔓延してしまいました。

　このような雰囲気が広まってしまうと、ストレスチェックの受検率は当然低くなります。ストレスチェックをやるだけでは全く意味がないという例として捉えていただければと思います。

そしてもう一つ、マネジメント層が伸びた事例もみてみましょう。

 上司からのサポートを重視して
運用している会社　　　　　　Case

　総合商社であるD社では、ストレスチェックの因子のうち「上司からのサポート」を大変重視していました。ストレスチェックを実施するたびに、上司からのサポートのスコアがよい人順に並べて、上位10名を管理職の間だけで公表したうえで、その上司にあたる人物を表彰していました。

　また、その上位10名で「部署でどのような指導をしているのか」といった事例発表会を行い、そのマネジメントのスタイルを社内で共有化するようにしたのです。上位10名に入れなかった上司は自主的に社外研修を受講したり、自己啓発に努めるようになりました。

　これはストレスチェックの結果を、マネジメントの向上にまでうまく活用している例だといえるでしょう。特にこの事例でポイントとなるのは、決して「上司からのサポート」の評価が低い人を叱責したり、その人のマネジメントとしての評価を下げたりといったことはしなかったということです。もしそのような運用をしてしまうと、上司は部下に対して恣意的な評価をつけるように（自分に不利になる評価はつけないように）、無言のプレッシャーを与えたりしてしまうからです。

　犯人探しではなく、いいところを伸ばすという発想で運用することが成功のためのコツであるといえるでしょう。

このようにストレスチェック単体では特に何も生み出しません。その後、何をするのか？　そこがこの制度をうまく活用できるのか、それとも単なる

義務化で経費を増やすだけになるかを分けるポイントといえます。

こうすればストレスチェックは費用ではなく投資に変わる！

　さきほども触れましたが、ストレスチェックを導入するにあたっては、多くの経営者が「会社の費用（コスト）増につながる」と考えていることと思います。それゆえ「義務化されたので、法律で求められている最低限のことだけを実施しよう」と考える会社も少なくありません。

　しかし、それでは「できるだけ安価なストレスチェック業者を探そう」とか、「できるだけ受検者を減らして、かたちだけストレスチェックを導入しよう」といった考え方しか生まれず、それによってもたらされるものは、結果的に「ストレスチェック導入のため単に費用が増えただけ」ということになってしまいます。

　「国は中小企業のことはわかっていない」、「中小企業いじめはやめてくれ」とぐちが聞こえてきそうですが、この考え方を180度転換させて、『どうせストレスチェックをするのだから、これまであと回しにしてきた社内のメンタルヘルス対策も同時に考えていこう』という考え方をしていただけないでしょうか？

　労働安全衛生法でも、ストレスチェックはあくまでもメンタルヘルス対策のなかの一つとして位置づけています。国としてもストレスチェックだけを実施することを求めているのではなく、ストレスチェックをはじめとした総合的なメンタルヘルス対策の実施を求めているのです。

　「ストレスチェックをどのように導入しようか？」ということではなく、「総合的なメンタルヘルス対策として何をしようか？」と考える企業は、このために必要なコストを単純な「費用」としてではなく、人事施策・経営施策の

一環としての「投資」になると考えているはずです。
　アメリカのある研究で、「メンタルヘルス対策の投資効果」はすでに実証されています。大手自動車メーカーのゼネラルモータース（GM）社のケースです。ここでは、メンタルヘルス対策の導入により、欠勤率が40％ダウンし、保険給付金は60％もダウンしたと報告されています。

図 03-3 ゼネラルモータース社でのメンタルヘルス対策実施の効果

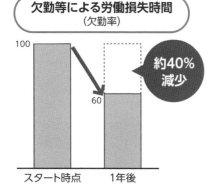

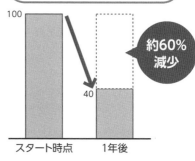

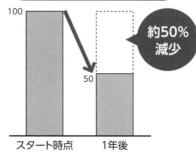

■**定量的な効果**
　欠勤の減少による生産性の向上、離職率の低下に伴う追加採用、研修コストの減少、事故発生の減少による補償コスト、医療費用の削減・減少など

■**定性的な効果**
　社員満足度の向上、モラルのアップ、企業へのロイヤルティ（忠誠心）の向上など

「Economic Impact of Worksite Health Promotion」Joseph P. Opatz　より

またアメリカの大手保険会社マーシュ・アンド・マクレナン社が1994年に50社に対して行った調査では、メンタルヘルス対策の導入により生産性が向上したというレポートが報告されています。それによると、欠勤率が21％ダウンし、仕事上の事故率も17％ダウン、それらにより生産性が14％アップということです。

　このようにアメリカではメンタルヘルス対策、特にEAP（Employee Assistance Program：従業員支援プログラム）の投資効果が実証されており、ほぼすべての企業でメンタルヘルス対策が行われています。
　仮にメンタルヘルス対策を実施していない企業があれば、その経営者は株主から「経営責任を果たしていない」と解任されてしまう可能性すらあるのです。
　とはいっても、「それはアメリカだから……」とか、「日本はちょっと違うはず……」と考えられる方もいらっしゃるかもしれません。しかし、実は日本でも同様の研究がされており、アメリカでの研究と同じような結果、いや、それ以上の結果が出ているのです。

　ここで、日本の厚生労働省が行った研究結果を紹介しておきましょう。『平成16年度厚生労働科学研究費補助金（労働安全衛生総合研究事業）「労働者の自殺リスク評価と対応に関する研究」』という資料があります。ここでのサンプルは、卸売業を営むNS社のもので、EAP導入後の2002〜2004年の3年間と、それ以前の3年間の状況を比較したものです。

図 03-4 日本におけるEAP導入企業の労働者の休業日数の変化

■調査対象企業
　NS社（卸売業：2004年時点で1,104名が在籍）
■調査期間
　1999〜2003年（EAPの導入は2002〜2003年）
■調査結果

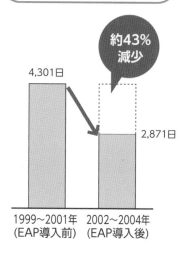

メンタルヘルス関連疾患の休業日数（のべ休業日数）
約43％減少
4,301日（1999〜2001年 EAP導入前）
2,871日（2002〜2004年 EAP導入後）

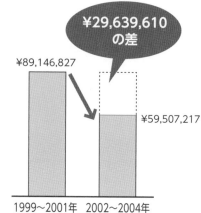

休業による機会損失の差と減少による便益
¥29,639,610の差
¥89,146,827（1999〜2001年 EAP導入前）
¥59,507,217（2002〜2004年 EAP導入後）

休業日数減少による便益	：¥29,639,610
投じたEAPのコスト	：¥23,018,709
（便益／費用）	1.3
（便益－費用）	¥6,620,901

平成16年度厚生労働科学研究費補助金（労働安全衛生総合研究事業）
「労働者の自殺リスク評価と対応に関する研究」より

この資料によると、メンタルヘルス対策を実施することで、メンタル疾患による休業日数が43％減少し、¥29,639,610の便益を得ることができました。
　この間に投じられたEAPに関する費用は¥23,018,709であり、1.3倍のリターンを得たということです。

　また、自殺率（本来はゼロがよいのですがなかなかそうもいきません）も、EAP導入企業は1万人当たりの世間平均と比較して、確実に低下していることがわかります。

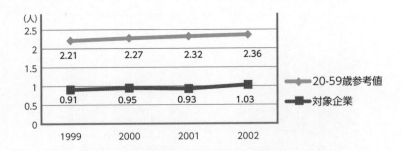

図03-5　日本におけるEAP導入企業の労働者の自殺者数の変化 Figure

平成16年度厚生労働科学研究費補助金（労働安全衛生総合研究事業）
「労働者の自殺リスク評価と対応に関する研究」より

　ここまで、資料に従って説明してきましたが、この研究で報告されている便益については、「休業日数の減少」のみに絞ってまとめられています。それゆえ、費用に対する効果の便益が1.3倍にとどまっているのです。
　もちろん、1.3倍でも確実なリターンだといえますが、先述のアメリカの

研究に当てはめれば、メンタルヘルス対策は休業日数の減少以外にも定性的な効果が見込めることから、実際にはもっと大きな便益があったと考えられるはずです。これを踏まえて、あらためてシミュレーションすると、図03-6のようになります。

図 03-6
日本におけるEAP導入企業の便益

投資額

導入によりかかるコスト
＝導入費用＋カウンセリングにかかる日間×平均時給

→ 1.3倍の便益

便益

欠勤による労働損失時間の回避による便益
＝導入によって減った休業日数×平均賃金

定量的な効果

休業などの減少による生産性の向上、離職率の低下に伴う研修・リクルートコストの減少
事故発生の減少による補償コストの削減、医療費用の減少　など

定性的な効果

社員満足度の向上、モラールアップ、企業へのロイヤルティ（忠誠心）向上　　　　　　　　　　　　　　　　　　など

2倍の便益

私は日頃から、「メンタルヘルス対策は費用対効果（ROI：Return on Investment）が2倍の経営施策である」と、経営者や担当者にお話しするようにしていますが、実際に投資した分の倍のリターンがあるのがメンタルヘルス対策です。

　経営に関する施策で、「2倍の費用対効果が生まれる」というものは、そうはありません。たとえば賃金制度を変更することで、どれぐらい費用対効果が生まれるでしょうか？　給料を倍にすれば売上が倍になる？　もちろんそんなデータは残念ながらありません。もちろん、検証されていないだけで、可能性はあるのかもしれませんが……。

　いずれにせよ、さきほども説明した通り、「メンタルヘルス対策は費用対効果が2倍の経営施策である」ということには、検証されたデータが存在しています。

　それだけでなく、「メンタルヘルス対策に取り組んでいる企業＝社員を大切に考えている企業」という認識が広まり、会社のイメージアップにつながるという利点もあります。それは顧客に対するアピールだけではなく、働く人のモチベーションアップ、そして、入社を希望する人へのアピールにもなるはずです。

　間違いなく、メンタルヘルス対策は費用ではなく投資なのです。このようなリスクの少ない確実な投資をどうして実施しないのでしょうか？

　経営者の方のなかで、「ストレスチェック」にかかる費用を心配されている人もおられるでしょう。私のもとに来られる方にも、一通りの説明を聞いたうえで、最後の最後に恐るおそる「いくらくらいかかるのでしょうか？　高いんですよね？」などと尋ねる方がいます。

　意外に思うかもしれませんが、ただストレスチェックを実施するだけであれば、非常に安価におさまります。

　宣伝するわけではないのですが、たとえば私の事務所（Office CPSR）で

の導入料金は、ストレスチェック単体であれば1人1,000円（税別）となっています（2015年12月現在の金額です）。

「えっ？　1,000円なの？」

そんな声が聞こえてきそうですね。実はその言葉、私もよく耳にします。もっと大きなコストがかかるようなイメージがありますよね？　ですが、100人でも年に1回であれば、年間で10万円（税別）といった程度です。どうでしょう、意外に安価だと思いませんか？

「本当はもっといろいろかかるんでしょう？」

そんな声もあるかもしれません。いえいえ、ストレスチェックだけなら、本当にそんな金額です。もちろん、労働安全衛生法改正に完全対応した内容ですし、個人への結果の送付や、組織単位での分析と臨床心理士・社労士によるその後のコンサルテーションも受けられる金額ですよ。

だからこそ、「50人以下の事業所は努力義務だから……」なんて考えは捨てて、まずはストレスチェックを導入していただきたいのです。

そしてそこから、もう一歩先へと動き出してほしいのです。なぜならストレスチェックをただ実施するだけでは、職場環境は改善しないからです。それを活かすことを考えることが大切です。

ではそれにはいくらくらいかかるのか？　私は、臨床心理士と社労士の両方から顧問を行う『ダブル顧問サービス』というサービスをメインに業務を行っていますが、会社の規模によって若干異なるものの、おおよそ10〜50万円／月（税別）で依頼を受けています。

また、ひとまずはストレスチェックだけでいいという場合には、『ストレスチェック一括導入サービス』をご案内していますが、こちらは月12万円×5ヵ月（60万円・税別）となっています。

月10万〜50万円という金額をどう捉えるかというのは、経営状況によって違いがあるかもしれませんが、1人でも従業員が辞めるということになれ

ば、大きなコスト負担がのしかかります。このリスクが大幅に軽減できるのであれば、むしろ低額な投資であるといえるのはないでしょうか？

　株式会社マイナビが発表した、「マイナビ転職　中途採用状況調査（2012年9月～2013年8月）」によると、各企業とも中途採用者の採用のために、人材紹介サービスや、求人広告などを掲出しており、従業員規模によって大きな開きがあるものの、大きなコストをかけているのがわかります。

図 03-7 従業員規模別の中途採用者の採用経費（年間）

（単位：万円）

年間の採用経費	300人以上	100～299人	30～99人	29人以下
「人材紹介」にかけた費用（平均）	1133.5	384.6	183.7	110.3
「求人広告」にかけた費用（平均）	562.8	186.2	111.2	74.7

「マイナビ転職　中途採用状況調査（2012年9月～2013年8月）」による
（対象企業：666社）

　こういった費用以外にも、入社する従業員のためのトレーニング費用なども必要になりますから、人を置き換えるためには、大きなコスト負担を強いられることになります。それならば、「人が健康なまま働いてくれて、辞めない環境づくり」をするほうが、はるかに簡単なのです。

　もちろん、本格的にメンタルヘルス対策に力をいれるとなれば、大きい予算が必要になることもあります。しかし、ストレスチェック自体は非常にローコストです。しかも、さきほどからお話ししている通り、メンタルヘルス対策は「投資」ですから、リターンがあります。だからこそ、まずはストレ

スチェックからメンタルヘルス対策を始めてほしいのです。

　このことを経営者や人事責任者が知ることにより、ストレスチェックはもとより、日本のメンタルヘルス対策の導入が進むと、私は考えています。だからこそ、この本をお読みの方には、それをいち早く理解していただき、そのアドバンテージを得てほしいと思います。

　メンタルヘルス対策を行うと、メンタルヘルス不調による休職者がいると思われてしまう……といったマイナスのイメージをもたれる経営者には、ぜひ本書でそのイメージを払拭していただきたいのです。

　本当は、今はメンタルヘルス対策を実施していることを自慢にできる時代です。やがては、メンタルヘルス対策を実施していない企業のほうが稀有な存在になることでしょう。少なくとも、私はそういう世の中になってほしいと考えています。

　一人でも多くの方に、希少性があるこの時期にメンタルヘルス対策を始めて、アドバンテージを得てほしいと願っています。

Chapter 04

ストレスチェックだけじゃない、
メンタルヘルス対策の
イロハとは？

Chapter 04 ストレスチェックだけじゃない、メンタルヘルス対策のイロハとは?

1 メンタルヘルス不調の兆しを逃さないようにする

　メンタルヘルス対策の要となるのは、やはり管理職です。管理職は、普段から部下と接しているわけですから、部下の日常の変化にも真っ先に気づくことができる位置にいるはずです。そういう意味では、管理職がメンタルヘルス不調の兆しを見逃さないようにしなければなりませんから、メンタルヘルスに関する管理職研修などを通じて、「気づく力」を身につけてもらうことが大切です。

　管理職は「職場において労働者を指揮し、組織の運営に当たる者」とされています。その言葉だけを捉えれば、指揮命令さえハッキリしていればよいように思えます。しかし、指揮命令し、組織を運営するからこそ、自身の部下の状況を把握することが大切であるはずです。だからこそ、管理職には部下の「いつもと違った『変化』に気づくこと」に注力してほしいと思います。

　たとえば、「今までは毎日朝早く出社していた部下が、ある日を境に、急に始業時間ギリギリに来るようになった……」とか、「食欲旺盛でいつも大盛りの定食を頼んでいた部下が、突然、小食になった……」といったような変化です。

　もともと始業時間ギリギリに出社するようなタイプで、遅刻も多いような人であれば、勤怠問題の指導の対象でしょうが、いつもと違って、急に出社がギリギリになったというような変化があった場合、メンタルヘルス不調の兆しかもしれません。

　また、食欲旺盛で日頃からよく食べていたような人が、急に小食になると

いうのも気になります。これが、健康のことを考えて、自ら進んでセーブしているということなら話は別ですが、食欲不振に陥っているというのであれば、これも要注意といえるでしょう。

　ここで、私が日頃から研修などで話している「部下の変化に気づくためのポイント」を紹介しておきましょう。

図 04-1 部下の変化に気づくためのポイント

- **け**：欠勤（特に長期休暇や休み明けの欠勤）
- **ち**：遅刻
- **な**：泣き言をいう
- **の**：能率の低下
- **み**：ミスの増加
- **や**：辞めたいといい出す

　語呂合わせのように「ケチな飲み屋」と覚えていただければよいでしょう（笑）。

　それぞれ、一つずつを見れば、それほど大きいことには思えないかもしれません。誰だって、どうしても遅刻をしてしまうことだってあります。困難な仕事に直面し、泣き言をいうことだってあるでしょう。ミスをすることだってあるはずです。一つ一つのことすべてに管理職が過敏に反応して、声をかけてくるとすれば、部下のほうも気が引けてしまうかもしれません。しかし、一つずつの状況をしっかりと認識しておかなければ、気づくタイミング

を逸してしまいます。

　たとえば、「遅刻が目立ってきたと思っていたところで、急な欠勤が重なった」とか、「泣き言が多くなっていたところに、辞めたいというようになった」といったように、日頃から目を向けていれば、ささいな変化とその経過から、重大な事柄が起こることを防ぐことができます。

　多くの場合、欠勤や遅刻といった段階で気づくことができれば、その後も長期の休職にならないことが多いといえます。とくに「辞めたいといい出す」となれば、事態は深刻化している可能性が高いといえます。

　ここで、管理職が早い段階で気づくことができたために、問題を早く解決できた例を紹介しましょう。

Case

　Cさんは入社3年目の社員です。これまで、とくに問題もなく業務の評価も、中の上といったところで、部署の中では中軸を担う存在でした。

　ある日、Cさんの上司であるD課長は、Cさんの遅刻が多くなってきていることに気づきました。改めて勤怠表を確認してみると、Cさんは毎週月曜日に、必ずといっていいほど15分程度遅刻している。それが、この1ヵ月ほど続いていることがわかりました。

　D課長はCさんをそっと呼び出すと、最近、4回連続で月曜日に遅刻しているということ、そして自分としてはCさんに期待している分とても心配していることを伝えました。するとCさんは、「日曜日になると、今の仕事は自分にあっていないのではないか、自分なんていなくてもよいのではないかと考えてしまって、まったく眠

> れなくなってしまう。そしてその結果、寝坊して遅刻してしまう」ということを話してくれました。
> 　D課長は専門家に診てもらったほうがよいと考え、Cさんの同意のもと、一緒に産業医との面談を申し込みました。産業医の診断で、Cさんは軽いうつ状態であることがわかったため、Cさんは紹介状をもって自宅近くのクリニックへ通院し、2週間ほどで症状が改善し、遅刻することもなくなりました。
> 　その後、Cさんは月に1回程度の通院をすることで、症状は安定しており、仕事もバランスよくこなしています。

　このケースでは、Cさんが遅刻を重ねたということに、D課長が早めに気づき、適切に対処したおかげで、Cさんは休職にまで至ることなく、働き続けることができたのです。まさに早期発見、早期対応が大切だと感じさせる例といえるでしょう。

　繰り返しになりますが、大切なポイントは「これまでと違う」ことに気づくことです。もともと能率が低い部下に対して管理職がすべきことは、メンタルヘルス疾患を疑うのではなく、指導方法を検討することなのですが、突然、変調して能率が下がったのだとすれば、「これまでと違う」状態になっていると疑うべきです。そういった気づきのためには、やはり日々のコミュニケーションが大切です。

　それと、もう一つ気にかけてほしいことが、「声かけの仕方」です。管理職研修などではよく「部下の方に声をかけてくださいね」と説明を受けると思います。それを額面通り受け取った管理職の方が、「大丈夫か？」と何度も部下に声をかけるようになったといったお話しも聞きます。

　「大丈夫か？」と声をかけられた部下はといえば、ほぼ100パーセント「大丈夫です」と答えます。当たり前ですよね。たしかに声かけはしているので

すが、これではなんの意味もありません。

　そんなときは、「大丈夫か？」とは違う言葉を使ってみましょう。

　たとえば体調が優れない表情をみせる部下に、「眠れてる？」と声をかけてみるのもいいでしょう。

　もしも「実は最近眠れてなくて……」といったような言葉が出てきたとしたら、「どうしたの？」とか、「何かあったの？」と、その理由を尋ねやすくなるはずです。声をかけられた部下のほうから続いて出てくる言葉はさまざまでしょう。「仕事がうまくいかなくて」とか、「失恋して」「親の介護の問題で」などといったことであれば、可能なかぎりのレベルで相談に乗ることもできます。そして、必要であれば、産業医などの支援を受けるという判断の目安にもなります。

　睡眠の状況を聞くのは、それが具体的な問いかけであることに加えて、心身の不調はかならず睡眠に影響するからです。眠れているかどうか、それは不調にいち早く気づく目安としてピッタリなのです。

　「大丈夫？」ではなく、「眠れてる？」

　これはぜひ明日からでも活用していただきたい方法といえます。

メンタルヘルス不調を兆しのうちに解消するために

　さて、前項ではメンタルヘルス不調に早く気づくことのできる「ケチな飲み屋」という語呂合わせを紹介しました。では、この「ケチな飲み屋」で異変に気づいた管理職は、まずは何をすべきなのでしょうか？

　ここでは、メンタルヘルス不調を兆しのうちに解消するために、周りの人はどう行動をしていけばよいのかを、管理職に主眼を置いて説明していきたいと思います。

①具体的・客観的に記録をとる

　真っ先に管理職がすべきことは、具体的・客観的に記録をとることです。記録の方法は、PCでもノートでも構いません。ただし、あえて「具体的・客観的に」と書いた通り、単に記録に残すということではなく、「具体的・客観的に」という点がポイントです。

　わかりやすくするために、よくない例（具体的・客観的ではない記録）をみてみましょう。

〈よくない例〉

内容
勤怠が乱れていて、残業や休日出勤も増えているようだ。遅刻も多い。みたところ具合が悪そうだ。座席で居眠りする姿も何度かみかけた。業務のスピードが落ちた。質も落ちている。また周りとのコミュニケーションをとる姿がみられない。

　一見細かく記録しているようですが、もっと具体的に、時系列や程度などをつかみやすくしておくことが大切なのです。

　続いてよい例をあげますので、違いを比べてみてください。

〈よい例〉

	内容
勤怠	○月○日（○）体調不良により30分遅刻し9時30分に出社。○月×日（×）も同様に30分遅刻し9時30分に出社。
外見・態度	頭痛を訴えている。辞めたいという言葉が出る（週に○回程度）。居眠りをする姿を週に○回は目にする。
業務遂行	×月に入ってから、業務の納期遅れが2度あった。声をかけても返事をしないことが3度ほどあった。また目線を合わせないことが2度ほどあった。

　こういった具体的で客観的な記録をとっておくことで、部下の状態を客観的に専門家に伝えることができます。それにより、専門家は状況をすばやく把握し、最大限の効果を発揮することができるはずです。
　そしてなによりも、不幸にして万が一のことが起こってしまい、訴訟トラブルなどに巻き込まれた場合には、あなた自身を守ることにもなるのです。

②部下の話を聴く
　次に管理職がすべきことは、その部下の話を聴くことです。まずは、30分程度の時間がとれるタイミングに部下に声をかけ、プライバシーが十分保護できるような会議室などで話を聴きます。その際には「15分ほど時間とれるかな？」と、実際に確保している時間よりも短めに伝えるのもポイントです。仮に長引いたとしても、部下のほうとしては「たくさん時間を割いてくれた」「自分のことを心配してくれた」と感じてもらえるケースが多いからです。
　気をつけていただきたいのが、プライバシーの確保です。ある会社で、部下の復職面談を、自社が入るテナントビル1階にある共有スペースで実施し

たという話を聞きました。不特定多数が行き交う、落ち着かない環境では、本人も安心して話すことは難しくなります。これでは、問題がよけいに複雑化する可能性すらあります。

　会社の規模によっては難しいかもしれませんが、できるだけ静かな会議室を確保することが大切だと思います。ただし、部下が異性の場合は別の問題（ハラスメント）が生じることもありますので、バランスが大切です。

③専門家へとつなぐ

　最後のステップは、専門家へとつなぐことです。

　管理職の方にラインケア（管理監督者である管理職が、部下である社員へ個別の指導・相談や職場環境改善を行う取り組み）の研修を行うと、「管理職になったら部下のカウンセリングをしなくてはいけないんだ」と考えてしまう方がいます。しかしながら、管理職に求められていることは、①と②の２つを実施したうえで、「専門家につなぐこと」であって、「解決すること」ではありません。

　きちんと具体的・客観的に記録したものを専門家にみせて、相談するのです。この場合の相談先は、産業医であったり、社内・社外相談機関であるかもしれません。

　そのためにも、管理職の方は日頃から、部下の不調に気づいたらどの相談先を頼るのかということを考えておいていただきたいと思います。問題に気づいてから考えるよりも、この本を読んでいる今のうちから相談先を決めておくと、いざというときにスムーズに物事を進めることができるようになるはずです。

　ここで、今のうちにどこに相談するか、次の欄でチェックをつけておきましょう。

> いざというときに相談する先として−
> - □ 人事部門　　　□ 産業保健スタッフ
> - □ 健康管理室　　□ EAP
> - □ 自身の上司　　□ 主治医

③ メンタルヘルス不調からの正しい復職手順

　できうるならば、この項目は必要としないのが一番なのでしょうが、もしものときのために、メンタルヘルス不調により休職した人の正しい復職の手順について、書いておきたいと思います。

　ただ、その前に、前提としてお伝えしておきたいことがあります。それは、メンタルヘルス不調により休職した人が、復職する際の正しい復職手順において一番大切なのは「ルールを統一すること」だということです。

　多くの会社でみられることですが、メンタルヘルス不調からの復職手順が担当者任せになっていて、個々のケースで対応がばらばらになりがちなのです。たしかに個々のケースで事情が違いますから、臨機応変に……と考えそうなものですが、現実では「行きあたりばったり」といったようになり、結果的にそのバラツキが、不公平感を引き起こしてしまいます。不公平感は、その後の労使トラブルの温床であり、会社としては絶対に避けなくてはならないことなのです。

　それを踏まえたうえで、復職の正しい手順をみていきましょう。

①休職・復職の定義をきちんと会社が定める

　そもそも「休職」や「復職」とは何かをきちんと定義していない会社が多くあります。どのような状態になると休職なのか、どのような状態になると復職なのかをきちんと定義しておくことが大切です。

ある会社では定義が曖昧で、社員が診断書を持ってくれば無条件で休職、そして復職ができるという状態になっていました。これでは、会社の秩序は保たれませんし、ほかの頑張っている人にとっては、なにか馬鹿らしくなって、モチベーションを失うことになりかねません。

②復職時に使える制度を明確にする

　復職時に主治医から、「軽減勤務が望ましい」という診断書が出る場合があります。その指示の通り、軽減勤務で対応できればよいのですが、これまでにそういった制度がない会社の場合には、軽減勤務制度の導入を考えなければなりません。会社の規模や体力を踏まえたうえで、軽減勤務制度を導入するのかどうかを検討する必要があります。とはいえ中小企業では、体力や現実に合った制度を導入するほうがよいでしょう。

　場合によっては、会社側が求める状態まで治療を主治医にお願いして、それ以降は会社と協力して復職するという考え方も必要です。

　こういったときには忘れがちなのですが、あくまでも会社は、「労務を提供する場所」であり、「治療場所ではない」ということです。ここを間違えて、あべこべになってしまうことがあります。たとえば、復職する人がいるために、周囲で頑張っている人がよけいに苦しい立場になり、そういった人たちが何だか馬鹿らしく感じるようになってしまう……。初めにお話しした、「メンタルヘルス不調悪循環の図」を思い出してください。それではなんの意味もありませんよね。

　このあたりの話は、**Chapter 05** の「頑張る人がより頑張れる環境をつくる」で触れさせていただきます。

③復職の最終判断者を明確に定義する

　復職の最終的な判断を誰が行うかということについては、実は多くの会社で、曖昧になっていることが多い部分です。きちんと責任をもって判断し、

かつ、その後のトラブルを防止するためにも、主治医、産業医、臨床心理士の意見を聴いたうえで、会社側が判断するというルールにしておくべきでしょう。

④**再休職のルールを明確にする**

　残念なことではありますが、メンタルヘルス不調による休職の場合、復職後に再び調子をくずしてしまうということが少なくありません。そのようなときに、どのタイミングで、またどんな状態で再休職とするのかということと、再休職の際の休職期間の取り扱いはどうするのか（それ以前の期間と合算するのかどうかといったことなど）を明確に定めておくことが大切です。

⑤**役割分担を明確にする**

　復職に際しては、本人や会社関係者だけでなく、多くの人々が関与することになります。だからこそ、それぞれの役割分担をあらかじめ明確にしておくことで、お互い見合って動けないという事態を避けなくてはなりません。

　少なくとも産業医、主治医、事業主、人事部長、労務担当者、社内産業保健スタッフ、部門上司といった人々の役割は、しっかりと定義づけておくことが大切です。

⑥**ルールを周知し、統一的に運用する**

　せっかく休職や復職のルールを決めたとしても、従業員がそのルールを知らないのでは意味がありません。

　もちろん、休職しない状況が一番なわけですが、あらかじめ従業員に周知しておくことで、「何かあったときにはこういった制度を使うことができる」という安心感にもつながるはずです。

　また、そのルールが正しく運用されないのも問題です。公平な運用をすることで、その人だけに不利益な取り扱いをしたと訴えられるといったリスク

が減るというメリットもあるのです。

　以上が復職までの正しい手順となります。
　これらのことは、一度設定してからも、管理職や関わる人がいつでも同じ手順を踏めるように、繰り返し伝えて、浸透させていくことが大切です。そのためにも、定期的な管理職研修やマニュアルの整備が欠かせないでしょう。

会社がモンスター社員をつくってしまうこともある？

　企業のメンタルヘルス対策の現場にいると、同じ会社で、同じような問題行動を起こす社員が現れるのを目にすることがあります。これはどうしてなのでしょうか？
　一つ例をご紹介しましょう。ある会社に休職規程を悪用して、休職と復職を繰り返すという問題社員が現れました。その会社はメンタルヘルス対策の専門家からコンサルテーションを受けて、懸命に対応を続けたところ、やがて会社とその社員との関係にも折り合いがつくようになり、最終的にその社員は、円満に退職することとなりました。
　まさにほっと一息……といったところだったのですが、このわずか3ヵ月ほどあとに、また休職と復職を繰り返すという、同様の問題社員が発生してしまったのです。

　このように、休職者や問題社員が発生し、なんとか解決にこぎつけたものの、またしばらくすると同じような社員が発生する、といった「もぐらたたき」のようなことを経験したという経営者や人事の方は少なくないのではないでしょうか？
　これには次の2つの要因があると、私は考えています。

要因①：問題が発生しやすい環境であること

　職場というのはある意味、変化が少ない環境だといえますが、心理学の世界における「行動理論」という分野では、「人は同じ環境でいれば、同じような反応を示す」ということが実証されています。

　アメリカのジョン・ワトソンという心理学者は、「健康な１ダースの乳児と、育てることのできる適切な環境さえ整えば、才能、好み、適正、先祖、民族など、遺伝的といわれるものとは関係なしに、医者や芸術家、どろぼう、乞食まで、様々な人間に育て上げることができる」と唱えました（この言葉は多くの批判を受けましたが、それだけ人は環境の影響を受けやすいというたとえなのです）。

　同じ環境にいれば、同じような反応を示すということは、モンスター社員が発生した職場環境は、そのモンスター社員がいなくなったとしても、また別のモンスター社員が発生する可能性が高いということです。

　さきほどの休職と復職を繰り返す問題社員の例であれば、就業規則や制度がきちんと整備されておらず、「ごねたもの勝ち」ともいえるような環境になっているとすれば、こういった問題社員は繰り返し発生する可能性が高いといえるでしょう。

　また、休職を経験した人が会社の休憩室や喫煙所などで、まわりの同僚に対して、どうすればうまく休職を得られるかを、まるでノウハウとでもいうかのように話し、知識を共有するようなケースもあります。私はこれを「休職者クラブ」とよんでいますが、そんなことが行われているようであれば、休職者が続いて出てしまうのは当然です。それに、そんな話しを一生懸命に頑張っている人たちが耳にしたら、その人たちのモチベーションがそがれてしまいます。こういった負の連鎖も大きな問題となります。

　いずれにせよ、問題が起こりやすい環境であれば、起こってしまった問題を解決したとしても、またすぐに同じような問題が起こりうるのです。

要因②：会社の対応が不適切な行動ばかりを「強化」しているケース

　心理学では「強化」という用語があるのですが、これは、わかりやすくいうと「ご褒美のようなもの」です。

　これもある会社のケースでお話ししましょう。ある会社で働くEさんは、社長に認められたいと、仕事を一生懸命に頑張っていました。しかし、ほかの社員も優秀で、Eさんはその陰に隠れてしまい、いくら頑張っても社長の関心を惹くことができませんでした。

　ある日のこと、Eさんは体調不良から会社を休んでしまいました。本人からすれば不本意な休暇だったわけですが、日ごろ熱心に仕事に取り組むEさんが体調不良で休んだという報告を受けた社長は、心配してEさんの自宅まで訪問してくれたのです。これはEさんにとっては、とても嬉しい出来事でした。なにしろ、普段は話すことすらできない社長が、Eさんを心配して訪問し、しかも2時間も話しを聴いてくれたのです。Eさんはとても喜び、体調を整えて出社するようになると、これまで以上にバリバリと働くようになりました。

　バリバリ働くEさんをみて安心した社長は、すぐにこれまで通りとなり、Eさんとの接点は減っていき、関心も薄れていきました。

　すると、Eさんは突然、さまざまな問題行動を起こすようになりました。体調不良の休暇だけでなく、仕事での暴走や大きな失敗、そのほかのトラブルを起こすようになりました。そのたびに社長は、Eさんと話し、解決したようにみえるものの、また問題が起こるという繰り返しとなり、最終的には社長の業務時間の半分が、Eさんの問題行動への対応に費やされるようになってしまいました。

　大げさなように感じるかもしれませんが、こういったケースはよく起こるものです。Eさんにとって、「社長と話すことができる（気を惹くことができる）」というのは、「強化（ご褒美）」だったといえます。間違った方向に

向かっていくときに、ご褒美をあげても意味がありませんよね。

　会社としては、常にポジティブな行動に対して強化を実施することが、とても大事だといえます。問題社員だって、常に問題行動を起こしているというわけではありません。ときに、望ましい行動も起こしていることでしょう。そういうタイミングで「強化（ご褒美）」するということです。

　ここまで、問題行動を起こす社員が次々と現れるようになる「２つの要因」をお話ししましたが、これらのことから、「会社がモンスター社員をつくってしまうこともある」ということは理解していただけたと思います。
　それを回避するためにも、「問題が起こりにくい環境をつくること」と「ポジティブな行動に対して強化を行うこと」が必要です。

　では、社内でポジティブな循環を起こした事例もご紹介しておきましょう。
　Ｅ社では労使ともに生産性を向上させるため、終業時間中に「業務改善活動」というものを実施しています。例えばパソコンのスキル向上を目的として、キーボードのショートカットキー（キーボードのキーを同時に複数押すことで、特定の機能を実行するもの）や、アプリケーションの便利な機能などをエレベーターの中に掲示し、業務効率を高めるコツを共有しています。

事例 ─────────────────────────── Case

(E社のショートカット一覧)

　また、社員の安全が第一だと考えているF社では、トイレの個室に「ヘルプカード」を備えつけています。これは、万が一、中にいるときに具合がわるくなったら、ドアの隙間からこのヘルプカードを差し出すことで助けを呼ぶことができるというものです。

Case

（F社の「ヘルプカード」）

　このような取り組みは、一過性のものではなく、会社が社員に対してどのように考えているのか、メッセージとして伝わるものです。
　問題社員に対応をしているときに忘れがちなのは、周囲で頑張っている社員への対応です。ですから私も、「頑張る人がより頑張れる環境作り」を事務所の理念とし、すべての施策をそこからブレークダウンするようにしています。
　そのようにお題目があったうえで人事施策を検討するのが、よりよい会社づくりの基本かもしれません。

生産性が高い職場で見られる共通の特徴

　私が多くの企業を訪問していて感じることは、生産性が高く、うまくいっている組織には、共通した特徴があるということです。それは、組織や職場の雰囲気が「あたたかい」とか、「明るい」と感じられるということです。
　実際に私がそう感じた会社を、いくつかご紹介してみたいと思いますので、ぜひ、御社と比べてどうであるか考えてみてください。

〔停電時にお客様に対して心配りをしてくれた会社〕
　それは、私がある会社を訪問しているときのことでした。急にビル全体が停電になってしまったのです。幸いにして昼間の時間帯だったこともあり、とくに大きな混乱は起こりませんでしたが、そのとき私がいた会議室には窓がなかったので、必要な書類はもちろん、相手の顔さえはっきりとはみえず、仕事の話ができるような雰囲気ではなくなってしまいました。
　さらに悪いことに、夏の時期ということもあり、空調も止まった会議室は、だんだんと暑くなっていきます。どうしたものか、そう思っていたときのことです。その会社の社員の方が次々と会議室にやってきて、冷たいお茶を持ってきてくれたり、団扇を貸してくれたり、ついには災害用のランタンまで持ってきてくれました。
　もちろん、会議室にいた誰かが指示をだしたというわけではありません。来客者がいるときに停電になった、その状況を、社員の方々が自ら考えて行動したのです。社員一人ひとりが「お客様を大事にする」という気持ちをもっているなんて、すごいなあと感心しました。
　結局、そのあとも停電が続き、打合せは暗いまま続けることになったのですが、打合せを終えて、その会社を出るときには、多くの社員の方が私を心配してくれて、1階の玄関まで送ってくださいました。

停電後も続いた打合せのなかで、お話ししていた担当者の方から「従業員の仲の良さが自慢なんです」という言葉を聞きましたが、本当にそうなんだな、とても働きやすそうな職場だな、と感心しました。

　実際にその会社の業績は、創業から一度も赤字になったことはなく、大幅とまではいえないものの、毎年、増収増益を記録していると聞いて納得しました。部外者にまで心配りをできる会社、だとすれば、当然、社内の仲間同士でも心配りをして仕事をしているはずです。きっとこの雰囲気が、仕事のしやすさを生み、それゆえ会社は成長しているのだろうと感じたことを覚えています。

〔とにかく元気な朝礼をする会社〕

　毎日とにかく元気な朝礼をしていて、おどろかされた会社がありました。よくテレビなどにも取り上げられている会社なので、目にされた方も多いかもしれません。

　元気に朝礼を行うことで、朝礼後は気分よく仕事にとりかかれます。それに、従業員と経営者が意思疎通をはかることで、同じ方向を向くことができます。もちろん朝礼があるので、遅刻する人も存在しません。

　その会社は「職場をワクワクさせる」ということを大切にしているといいます。だからこそ従業員たちは、「自ら何ができるか？」ということを考えて行動しているそうなのです。

　その経営者の方のお言葉で、とくに印象に残っているのが、「とにかく働くうえで、従業員がワクワクしているかどうかを大切にしている」というものです。そのワクワクすべき場所（シチュエーション）は、次の４つだといいます。

❶将来　　❷仕事　　❸職場　　❹朝

その経営者の方がいうには、「ある意味一番この条件に近いのは、パチプロ（パチンコで生計をたてる人のこと）の方々である」ともいっておられて、なるほどと思いました。たしかにパチプロの方々は、毎朝、誰に言われるでもなく早めに出勤し、将来に目を向けてワクワクしています。つまり、仕事と職場でワクワクしているわけです。
　もちろんギャンブルと仕事を一緒にしてはいけないのでしょうが、「明日は仕事だ！　楽しみだ！」と思うような従業員が多くいる会社は、やはり組織力も高いはずです。
　そのようなワクワクする職場は、心理学的に考えても、望ましい行動が形成されやすいといえます。たとえば、一生懸命に頑張っている人が身近にいれば、その人を見るうちに、自分も頑張ろうと思う機会が増えるでしょう（心理学的にはこの効果をモデリングといいます）。そして、一生懸命に頑張ったときに、それがしっかりと評価される職場であるならば、また頑張ろう、もっと頑張ろうと思えるようになるはずです（心理学的にはこの効果を正の強化といいます）。

　さて、2つの会社で私が感じたことをお話しさせていただきましたが、御社ではどうでしょうか？　もしも停電といった不測の事態が起こったときに、御社の従業員の方はどのような行動をとるでしょうか？
　御社の朝は明るく元気ですか？　お通夜のように暗くはないでしょうか？
　頑張っている人が、さらに頑張ろうと思えるような環境を提供していますか？
　こういったところに、「組織活性化のヒント」があると私は考えています。このような環境をつくるためには、経営者のぶれない方針と、従業員との厚い信頼関係の構築が必要です。経営者が朝令暮改ばかりで、従業員からの信頼を失っていませんか？　大切なことは、頑張っている従業員を大切にすることです。たとえば、頑張る人が、より頑張れる環境をつくるといった経営

方針です。

一つひとつはささいなことかもしれませんが、それを愚直に繰り返し、繰り返し実施していくことが、組織活性化につながります。

頑張る人がより頑張れる環境をつくる

頑張る人がより頑張れるように、というのは私が日頃から口にしている言葉です。会社が成長していくためには、痛んだ人を優しく受け止めることも必要ですが、それ以上に、頑張る人がより頑張れるようにすることが大切です。

ここでは、その点についてお話ししていきたいと思います。

会社において、貴重な戦力となるべき人材がメンタルヘルス不調に陥ったとすれば、会社としてはもちろんですが、周囲の人間関係のなかにも、全体でその人材をフォローしよう、サポートしようという機運が生まれることでしょう。そこで生まれる結束力、団結力は固く、おそらくは高い成果が得られるはずです。

とはいえ、この状況が長期化していくと、はじめのうちは同情的であった同僚たちも、マイナスの感情をもってしまうことも事実です。

私は以前、ある会社から次のような相談を受けたことがあります。それは「ある社員が復職を果たしたものの、半年のうちにはまた休職に入ってしまうということを繰り返している」というものでした。

そこでその会社の就業規則を確認してみると、その会社では、復職後半年勤務すれば、再びなにか問題が生じたときに、休職に入れるようになっていました（半年間の勤務で、それ以前の休職期間はリセットされるという規程）。たしかにこのケースでは、就業規則に則ってはいるわけですが、周りの同僚

らからしたらたまったものではありません。

　また別のケースでは、かかりつけ医からの診断書を持ってきて、休職の申請をしたものの、どうにも怪しい。仮病としか思えない、という人物がいたというのもありました。これも、診断書がある以上は仕方がありません。

　このようなケースが続くような状況になってくると、ある意味サボった者勝ちといえる雰囲気が蔓延してしまい、頑張っている人にとっては「どうしてほかの人の分まで働いているのに、この給与なんだろう？」と、モチベーションが低下してしまいます。それではとうてい、組織活性化や長期的な業績向上は望めません。

　では、いったいどのようにすればいいのでしょうか。メンタルヘルス不調への対応をしているときに、一番忘れがちな視点は、メンタルヘルス不調者の周囲にいる「頑張っている人への気遣い」なのです。通常ではない、イレギュラーな状況になっているにもかかわらず、仕事がまわっているのは周囲で頑張っている人がいるからです。日頃、そのような人たちはとくに声を上げたりはしません。

　復職判定等の会議をしていると休職者のことばかりが議論されがちです。しかしながら、本当に大切なのは、メンタルヘルス不調者の分まで頑張ってくれている社員です。そのような社員にスポットが当たるよう、「頑張る人がより頑張れる環境づくり」をすることこそが、メンタルヘルス対策のもっとも大切なことかもしれません。この視点を忘れてしまうと、前述の負のスパイラルが生じて、優秀な人から辞めていくということになりかねません。

　一つ事例を紹介しましょう。

事例
Case

　製造業のG社は1,500人程度の従業員を抱え、業績も安定しているのですが、どの部署、職場にも1人はメンタルヘルス不調による休職者がいるような状況で、職場の雰囲気が全体的に暗くなっていました。

　その理由としては、全社的に長時間労働の傾向があったからなのですが、仕事が多いというよりは、だらだらと時間をつぶしているというような雰囲気で、残業が多い割には、喫煙室には常に人がいたり、トイレの個室もいつもふさがっているような状況でした。

　あるとき、株主である親会社が日本の伝統的なスタイルの企業から、ベンチャー気質の高い企業へ変更になりました。新しい親会社から来た役員は、G社をみるなり「この会社は頑張る人が損をする環境だ」ということに気づきました。そこで一番初めの改革として、これまでの評価制度を変更しました。

　具体的には、これまでの業績評価に加えて、総労働時間も考慮することにしたのです。そうするとこれまで評価が高かった人は、単に総労働時間が長いだけで、時間当たりの生産性がとても低かったことが露見しました。

　一方で、これまで時短で働いていたこともあり、評価すらされていなかった人材のなかに、短い時間で一定の成果を出す、時間当たりの生産性が高い「ハイパフォーマー（仕事上のスキルに長けていて、高い業績を残すことできる優れた人材）」がいることがわかったのです。

　この制度の変更で、時間当たりの生産性を評価するようになったため、これまでのようなだらだら残業はなくなっていきました。それどころか、業務中に移動するときも小走りになって時間を節約す

> るなど、明らかに意識改革がなされていきました。
>
> 　さらに、これまで女性はあまり目立たない職場でしたが、時間当たりのアウトプット（ここでは成果を意味します）さえ出せば評価されるということで、女性の活躍も目立つようになりました。
>
> 　このような評価制度の改革を行った結果、休職者も減っていきました。頑張れば頑張るだけ評価される。だらだらと会社に残らず、終業時間になったらぱっと帰るというメリハリのある職場になり、ワークライフバランスがとれるようになったことが要因といえるでしょう。

　この事例のように、これまで残業時間が長く、その結果アウトプットを出している人の評価が高かったという状況を、時間当たりの生産性を評価するように変えることで、本当に頑張っている人が評価されるようになり、頑張る人がより頑張れる環境をつくることができます。

　こういった職場には活気があり、オンとオフの切り替えがはっきりしているため、休職者の数も少なくなります。

　メンタルヘルス対策というと、休職者のほうに目がいきがちですが、本当に頑張っている人に目を向けることで、職場の雰囲気を変えることができ、生産性の高い職場をつくることができるのです。

Chapter 05

次の一歩をどう踏み出すか？

Chapter 05 次の一歩をどう踏み出すか?

① ストレスチェックから始まる社内制度改革の次の一手は?

　前にもお話しした通り、総合的なメンタルヘルス対策は費用ではなく、投資になります。それを数字という事実で説明させていただきました。

　では、ストレスチェックを導入したあとの次の一手、次の投資はどうすればよいのでしょう?

　それぞれの会社で置かれている状況は異なりますから、定石となる次の一手をお話しするのは難しいのですが、ひとまずは事例を一つご紹介したいと思います。

事例 ─ Case

　H社ではストレスチェックを導入し、実際に実施したところ、「入社から3年目の従業員のストレス反応」と、「人事異動直後の従業員のストレス反応」がとくに高くなっていることがわかりました。
　そこでH社では、入社から3年目にあたる社員全員に対して、ストレスケア研修を、また異動者に対しては、異動から3ヵ月後にかならず臨床心理士による面談を行う制度を導入したところ、ストレス反応が減るだけではなく、辞める人が減ったという効果が認められました。
　そこでH社では、ストレスチェックのさらなる有効化を図ること

> にしました。これまでH社では、年2回の定期異動を行っていたことから、この定期異動実施から1ヵ月後のタイミングで、ストレスチェックを年2回実施することにしました。
>
> 　これにより、異動者も自身のストレスを把握しやすくなり、また面談もうまく活用できるようになりました。

　Chapter 02 のストレスチェックの説明でも述べましたが、ストレスチェックの全体結果（集団的分析）は、人事施策をうまく組み合わせることで、大きな効果を得ることができます。

　これに加えて、賃金制度や評価制度における取り組みと絡めて、社内改革を実現できれば、さらなる成長が見込めるはずです。

　ほかにも打つべき手はあります。たとえばストレスチェックで「身体的な負担が高い」という結果が出た職場があったとします。「身体的な負担が高い」となれば、やはり人員が不足していたり、そもそもの作業内容が厳しかったりしているということなのでしょう。

　これを解決するためには、人員を増やしたり、今よりも効率的な作業機械を導入したりと、やはり大きなコストをかけて改善していくしか方法がないようにも思えます。

　しかし、要するに「今受けている負担を軽減するだけでよい」とすれば、たとえばオフィス内の机の配置や、キャビネットなどの位置を変更することで、簡単に負担を軽減できたりするケースもあります。

図 05-1
職場の改善の事例

Figure

ミーティング卓　作業スケジュール　仕事し易いワゴン
相談用パーティション　支え易い座席配置　グループワーク研修

「労働安全衛生法に基づくストレスチェック制度実施マニュアル」
（厚生労働省労働基準局安全衛生部　労働衛生課産業保健支援室）より

　たとえば、簡単な打合せスペースをつくることで、仕事の相談もしやすくなります。これまで、各担当者が独力で行っていた業務でも、「相談しやすい」という環境ができることで、精神的な安心感が加わりますし、クオリティも上がることだってあるでしょう。
　ほかにも、コピー機がフロアの端に設置されているのであれば、それをフロアの真ん中に移動すれば、これまでコピー機の位置とは反対側にいた人たちの移動距離は短くなります。もちろん、もともとコピー機のそばで仕事をしていた人にとっては、逆に遠くなってしまうわけですが、移動距離が長い人にとっては、移動時間はロスになっていたのですから、日に何度、コピー機を使うかを考えれば、その分、効率は上がるはずです。

どれもごく小さなことに思えるかもしれませんが、小さな不便や不満、不安の積み重ねが、フラストレーションへと変化していきます。それを緩和するのも一つの手といえるでしょう。

　そのほか、ストレスチェックと密接な関係をもっているのは、やはり人事評価制度です。
　ある会社の例をお話ししましょう。その会社で行ったストレスチェックの結果には、仕事の量的負担の影響が大きく現れていました。たしかにその会社は長時間労働が恒常化していて、勤務時間は17時までなのですが、誰かが20時前に帰ろうとしようものなら「どうしたの？　体調が悪いの？」と周りから尋ねられるといった状況になっていました。
　社長はこの長時間労働の状況や、ストレスチェックの結果を問題視して、社内制度改革に乗り出しました。
　まず社長は、時間当たりの生産性を評価することにしました。はじめに、人事評価のシートにその人の年間総労働時間を印字することにしたのです。そうすると会社はみるみる変わっていきました。時間当たりの生産性が評価されるということは、長時間労働をしていると評価的には不利だということです。社員のほとんどが、終業時間である17時になると帰るようになりました。
　その結果、オフィスの光熱費などが大幅に低減しました。一方、仕事は放り出されているのかというとそうではなく、「時間内でいかにやるか？」ということを考えるようになっていったのです。
　社内を移動する社員は、みんな小走り。これも「時間内でいかにやるか？」という目標をクリアするための手段です。就業時間は本気、オフの時間はプライベート優先と、ある意味ワークライフバランスのお手本のような企業になっていきました。
　オンとオフがはっきりしたせいかどうかはわかりませんが、その会社では

以前に比べて、離職率が大幅に低下したというのです。

　もう一つ、社内コミュニケーションを活発化させた例をあげておきましょう。その会社ではストレスチェックの結果、「周囲のサポート（上司、同僚）」の値がとても悪いことがわかりました。
　たしかにその会社は、チームプレーというよりは個々で仕事をしている雰囲気になっていて、周囲が協力して仕事をすることもなく、周囲に感謝するといった気風はあまりみられなかったのです。
　そこで、その会社では「サンクスカード」という制度を導入しました。この制度は、従業員におのおの５枚のサンクスカードを配布し、なにか職場で感謝したいことがあったら、それに書いて、別に設置された「感謝したい相手の人の袋」に入れるというものです。
　さらに、管理職については、従業員に配布した５枚よりももっと多くのサンクスカードをかならず書かなくてはならないというルールを設定しました。これにより、相手のよいところをもっと探そうという気運ができていきました。
　集まったサンクスカードは期末に集計し、受け取ったサンクスカードの枚数に応じて、その人の賞与も優遇されるという仕組みです。
　このサンクスカードの導入により、「社内でお互い感謝をしよう」という気持ちだけでなく、「自分だけで仕事をしているのではないんだ」という雰囲気が広がっていきました。
　やがてこの会社では、サンクスカードだけではなく、日常の場面でもお互いに「ありがとう」という感謝の言葉が自然に交わされるようになり、コミュニケーションが活発になっていきました。
　そして、翌年に行われたストレスチェックでは、「周囲のサポート（上司、同僚）」の値が大幅に向上し、ストレス反応も低減したという効果がありました。

ストレスチェックで自社の弱点を把握し、そこをピンポイントで対策をとることにより（この会社の場合はコミュニケーションを高めたこと）、効果的な人事施策を実施することができるといえるでしょう。

　このように、単にストレスチェックを実施するだけではなく、人事評価制度をも絡めることで、会社によい影響を与えることができます。ぜひこういった取り組みにまで進めていっていただきたいと思います。

❷ 産業医、そのほかメンタルヘルス対策支援者との連携法

　会社によっても状況は異なるでしょうが、メンタルヘルス対策を実施する際に、企業の中でコアとなるメンバー（人事担当者）は限られています。だからこそ、主治医や産業医、衛生管理者、そのほか社内産業保健スタッフ等との連携が不可欠です。

　厚生労働省はストレスチェック制度のメンバーの立場と役割を以下のように定義しています。

①事業者

　ストレスチェック制度は、事業者の責任において実施します。会社そのものですが、多くの場合、経営者ということになるかと思います。

②ストレスチェック制度担当者

　事業者によって指名されるのが「ストレスチェック制度担当者」です。ストレスチェック制度担当者はストレスチェック制度実施計画の策定、当該事業場の産業医等の実施者又は委託先の外部機関との連絡調整、および実施の管理等の実務を担当します。

③実施者

　実施者が複数存在するときは、実施代表者、共同実施者を定めます。

　ストレスチェックの実施主体となるものは、労働安全衛生法66条の10第１項に規定されている「医師、保健師その他厚生労働省令で定める者」であって、実際にストレスチェックを実施する者をいいます。

　実施者は、以下に掲げる事項を直接行う必要があります。

- 事業者がストレスチェックの調査票を決めるにあたって、専門的な見地から意見を述べること。
- 事業者が高ストレス者を選定する基準や評価方法を決めるにあたって、専門的な見地から意見を述べること。
- 個人のストレスの度合いの評価結果に基づき、医師による面接指導を受けさせる必要があるかどうか判断すること。

④実施事務従事者

　ストレスチェックの実施の実務に従事します。具体的には、以下に掲げる実務を行います。

- 調査票の配布
- 従業員の記入した調査票の回収
- 個人のストレスチェック結果の封入と配付
- 医師による面接指導を受ける必要があると実施者が認めた者に対する面接指導の申出勧奨
- ストレスチェックを受けていない従業員に対する受検の勧奨
- ストレスチェック結果の集団ごとの集計

　以上となりますが、ストレスチェック制度のメンバー以外の社内スタッフについても解説しておきたいと思います。

⑤主治医

　医師であり、個人を対象に診察を行い、診断をし、必要であれば治療を行います。ただし、主治医にとって（患者となる）従業員はお客であることが多いことから、お客である従業員寄りの意見や、その影響を受けた診断書が出てくる場合があります。

⑥産業医

　医師ではありますが、診断や治療を行うのではなく、面談を通じて職場におけるさまざまな疾病性を評価・判断し、意見を企業に示します。基本的には会社寄りの意見を出してくれる存在ではありますが、主治医の意見に対して異を唱えるようなことはあまりないようです。

⑦衛生管理者

　衛生管理者は、以下の４つのうち、衛生に関する技術的事項の管理を行います。
　　(1)労働者の危険又は健康障害を防止するための措置に関すること
　　(2)労働者の安全又は衛生のための教育の実施に関すること
　　(3)健康診断の実施その他の健康の保持増進のための措置に関すること
　　(4)労働災害の原因の調査及び再発防止対策に関すること　　等
　また、衛生管理者は少なくとも毎週１回、作業場等を巡視し、設備、作業方法又は衛生状態に有害のおそれがある場合には、ただちに、労働者の健康障害を防止するため必要な措置を講じなければならないことになっています。

　以上、①～⑦まで各員の役割を説明してきましたが、会社のなかでコアになるメンバーを中心に、こういった面々とその会社ごとに適したメンタルヘルス対策支援チームを組むのが、一番効率的かつ効果的になります。
　たとえば、ある会社では産業医が中心となりメンタルヘルス対策を実施し

ており、また別の会社では、衛生管理者が中心となり、特定の場面では産業医と調整する……、そういったかたちです。

　いずれにせよ事業主がきちんと方針を表明し、ぶれないようにするべきです。一生懸命音頭をとっている途中で、はしごを外されたということがないようにすることが大切です。

　実際に、私がストレスチェックの導入にあたっているなかで、さまざまな企業とお話しをしていて思うのが、今回のストレスチェック制度の中心人物は「実施者たる産業医」であるということです。なぜなら制度上、産業医が必ず機能していることを想定した設計になっているからです。

　今回のストレスチェック制度義務化にあたり、産業医の責務として「ストレスチェックの実施」が追加されました。しかしながら、実際には「産業医にストレスチェックの相談をしたら断わられた」とか「ほかにあたってくれといわれた」という声を聞くのも現状です。

　そういう意味では、企業としてまず産業医にストレスチェックについて聞き、万が一、ほかをあたってくれといわれたら、きちんと産業医を共同実施者として立ててくれるような委託業者を探す、というのがストレスチェック制度をうまく導入するポイントといえるでしょう。

　巻末付録の「ストレスチェック導入の手順」でもお伝えしますが、ストレスチェック制度をうまく導入するには、産業医といかにうまくつき合うかがポイントになるといえるでしょう。

新人が辞めない環境づくりに必要なものは？

どの企業でも、新入社員の定着率は課題とされることが多いものです。厚生労働省が発表した資料によると、大学を卒業し新卒として入社してから3年以内で、約30％が離職したという報告があります。

図 05-2
平成23年3月の新規学卒者の卒業後3年以内の離職状況

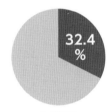

大学卒
（前年比1.4ポイント増）

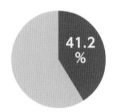

短大等
（前年比1.3ポイント増）

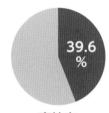

高校卒
（前年比0.4ポイント増）

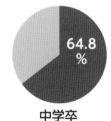

中学卒
（前年比2.7ポイント増）

厚生労働省「新規学卒者の離職状況（平成23年3月卒業者の状況）」より

新入社員の離職には、さまざまな要因があるとは思いますが、きちんとメンタルヘルス対策をしている会社では、新入社員の離職率が低くなる傾向があります。これは悩みを抱えたときでも相談できる窓口があったり、自身のストレスに早く気づき、対処できる仕組みがあったりするからです。

　あるいは、ブラザーやシスターと呼ばれるような3年ぐらい上の先輩が、メンター（指導者）として定期的に相談に乗る制度を導入している企業も、離職率が低いようです。つまり新入社員が悩んだり、不安に感じたときに一人で抱え込まず、すぐに相談できる体制ができていることが大切なポイントであるといえます。

　また、会社がきちんと社員を守るという方針を明示していることから、社員が安心して働くことができるのも、離職率が低くなる要因の一つかと思います。

　新人がすぐに辞めてしまう会社の特徴としてよくみられるのが、そもそも既存の社員（先輩社員）たちが、自らの会社を愛していないというケースです。たとえば入社した日に「こんな会社に新卒で入って気の毒に……」といったような言葉を投げかけられたというお話もありました。このように社員が感じていて、新人に悪影響を与えるような環境では、なかなか安心して働くことはできません。

　あるいは、業績が低迷していて、ここで一生働いていてもよいのだろうか？という迷いや不安から、将来に期待することができないという会社も、優秀な人から順に辞めていきます。

　頑張る人がより頑張れる環境かどうかというのも大切な要因です。たとえば休職者が蔓延していて、「休んでしまったほうが得だ」とか、「頑張ったほうが損をする」というような環境では、バリバリやっていこうと考えていた新人が辞めていくのは想像に難くありません。案外、役所や大手企業と呼ばれるところのほうが、休職者が多かったりします。これは、理由があれば休職しやすいという良い面もあるのでしょうが、反面、頑張り損になってしま

うという面もあると思われます。だからこそ、頑張る人がより頑張れる環境をつくる必要があるはずです。

　減点法でない人事評価制度、頑張れば頑張るほど認められる評価制度が大切です。先にあげたサンクスカードの例は、まさに減点法ではないよいところを伸ばす人事制度であるといえます。

　別の例として、「改善提案」を推奨している会社があります。その会社では、どのような内容のものであれ、改善の提案を行った従業員には、１件当たり500円の賞金が賞与のときに払われるのです。しかも、その改善提案が採用されると、さらに10万円が賞与のときに支払われるほか、全社員の前で表彰されることになっています。
　また、ある会社では、自社に関することで「やりたい！」と思ったことについて自ら手を挙げ、組織を横断して仲間を募って会社を創る活動をしたり、改善を行ったりすることができるという制度を導入しています。この制度を導入することで、モチベーションアップはもちろんのこと、責任感や連帯感といったものが生まれるという効果もみられるようです。
　さらに、会社のブランディングにつながる活動を行った社員に支援金を支給する会社があります。その会社では、社員がセミナーに登壇するようなことが多いのですが、そういうシチュエーションでこの制度が積極的に活用されているようです。自己研鑽に励む人たちにとっては、とても魅力的な制度でもあり、モチベーションアップにも役立つでしょう。

　これらは一例ですが、多くの企業では減点法による評価が多く、また、やってもやらなくても評価に反映されないことも多いようです。これが、頑張る人がより頑張れる環境づくりを阻んでいる一番の要因といえるでしょう。
　これを変えるためにも、ぜひご自身の会社で「なにかよい行動が起きたと

きに、しっかりと評価する制度設計」になっているかを改めて見つめなおしていただければと思います。

　心理学の世界では、行動理論に基づいた考え方として、なにか悪い行動を減らすよりも、よい行動が起きたときに、その行動が今後増えるようにするほうが効果的であるとされています（専門的には「強化」といいます）。これを踏まえれば、会社でも、無気力な人をいかに改善するかではなく、頑張っている人により頑張り続けてもらうにはどうしたらよいか？　という視点で考えるほうがとても大切であるといえるでしょう。

積極的なメンタルヘルス対策への投資のススメ

　さて、これまでに「メンタルヘルス対策を実施すると、費用対効果は２倍になる」という観点から、「メンタルヘルス対策は投資である」というお話しをしてきました。

　しかしながら、実際には、メンタルヘルス対策はあと回しになることが多いのです。私が会社にメンタルヘルス対策を提案していて、よくいわれるのが「今はそこまで手がまわらない」という言葉です。

　たしかにメンタルヘルス対策は、今すぐにやらなくても一見よいように思われがちです。これが決算における会計処理だったら、あと回しにされることはないでしょう。当然、そちらのほうが優先順位が高いと考えがちだからです。

　ビジネス書としてベストセラーになった、スティーブン・R・コヴィーの『７つの習慣』（キングベアー出版）では、物事の優先順位をつける際に、緊急度と重要度の２軸で考えるとしていますが、これをもとにメンタルヘルス対策を考えると、どうなるでしょう？

図 05-3 メンタルヘルス対策の緊急度と重要度を考える

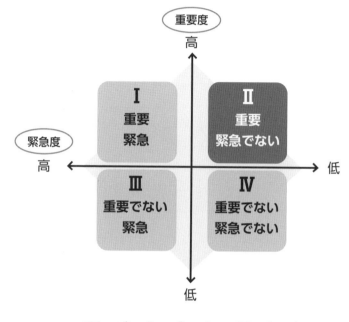

スティーブン・R・コヴィー『7つの習慣』（キングベアー出版）より

　企業におけるメンタルヘルス対策を、緊急度と重要度の2軸で考えると、「重要度は高いが、緊急度は低い」ということで、表の右上、Ⅱの領域に存在するといえるでしょう。

　ほとんどの経営者が、メンタルヘルス対策の重要性に気づいています。しかし、今すぐ実施しなくても（緊急度が低い）、すぐに影響が出ないため、なかなか行動に移すことができないということでしょう。

　私自身、同じ経営者ですから、この考えはとても理解できます。

　しかしながら、労働安全衛生法の改正により、2015年12月から1年以内

に、企業は最低でも「ストレスチェック」というメンタルヘルス対策は実施しなくてはならなくなりました。これは「メンタルヘルス対策の緊急度が高くなった」ということです。

　私はここまで「ストレスチェックの有効性」を訴えてきました。また同時に、「ストレスチェック単体では、あまり効果がないこと」もお伝えしたつもりです。新たな義務が発生し、その対応で、企業は大きく２つに分かれていくでしょう。それは、「ストレスチェックを形式的に行う会社」と、「いい機会なので、メンタルヘルス対策も同時にやっていこうという会社」です。ここまでメンタルヘルス対策の効果を読んでいただいた読者の皆様には、当然後者になっていただけると確信しています。

　「はじめに」でも書きましたが、なにもわざわざ暗い、いやな雰囲気の職場をつくりたいと考える経営者はいないはずです。なかでも、本書を手に取っていただいた経営者や、人事の方は、きっと「もっと社内の雰囲気を明るくしたい！」「プラス思考で生産性を上げたい！」と思われていると思います。

　それを実現する第一歩として、ストレスチェックに取り組み、そしてメンタルヘルス対策に力を入れ、会社を明るくし、成長を続けていってください。

付録

ストレスチェック導入の手順

付録 | ストレスチェック導入の手順

本文では、ストレスチェックを一つのきっかけとして、メンタルヘルス対策にとりくむ重要性と、その有効性についてお伝えしてきました。

ストレスチェックの導入法については、**Chapter 03** において、厚生労働省が発表した導入フローに沿って説明しましたが、その手順のなかで、どういった点に注意しなければならないのかについて、もう少しだけ細かく説明していきたいと思います。

 まずは産業医の考え方を確認する

私自身、ストレスチェック導入に関するセミナーを数多く行ってきましたが、そのなかでほとんど経営者から、真っ先に聞かれるのが、「まずは何から始めたらよいですか？」というものです。

この質問に、私はいつも「御社の産業医の先生は、ストレスチェック制度についてどのように考えておられますか？」とお聞きしています。なぜならば、ストレスチェック制度は、産業医が中心となるかたちで制度が設計されており、あとから説明しますが、産業医の協力なしでは実施することはできないからです（これについては、あとで説明します）。

労働安全衛生規則により、産業医の職務として「ストレスチェックの実施」と「ストレスチェックの結果に基づく面接指導の実施」、そして「面接指導の結果に基づく、労働者の健康を保持するための措置に関すること」の3つが追加されています。つまり、法律では「ストレスチェックは産業医の仕事です」といっているわけです。

ですから、まずは産業医の先生に、ストレスチェック制度についての考えを聞くことが第一歩になるといえるでしょう。

しかし、残念ながら産業医の先生から、前向きな返事をいただけないこともあるかもしれません。その理由については後述しますが、いずれにせよ、産業医の先生の反応は、おおまかに次の3つになると思いますので、その状況に応じて、次のステップへと進めていけばよいでしょう。

〔パターン1〕
産業医の先生が「すべて自身で実施する」といってくれた場合
「ストレスチェックは会社にとってプラスになりますから、ぜひやりましょう。私の方で準備を進めるようにします」といってもらえる産業医の先生は、会社にとっては本当に頼りになる存在といえます。ぜひ今後も、よい関係を維持していただきたいと思います。

この場合、基本的には産業医の先生にお任せしたうえで、定期的な相談を重ねて進めて行けばよいでしょう。

とはいえ私の知るかぎり、そういった産業医の先生は、残念ながらまだ少数派だというのが現実です。多くの場合、次の〔パターン2〕または、残念ながら〔パターン3〕に該当するかと思います。

〔パターン2〕
産業医の先生から「協力はするが、実務的なことは外部に委託してほしい」といわれた場合
現実的にはこれが一番多いパターンといえるでしょう。導入時における衛生委員会(または安全衛生委員会)での発言や助言、また実施後の面談や、労働基準監督署への報告書式への記名、押印といった実務的なことには対応してくれるのですが、それ以外については外部に委託してほしいというパタ

ーンです。

　外部の機関へ委託する際に注意すべきことは、「産業医とうまく関係を築いてくれる委託先を選定すること」と、「依頼する業務をしっかり受けてくれる委託先を選定すること」です。

　さきほども説明したように、ストレスチェックは産業医の協力なしでは実施できません。ですから、産業医と一緒になって、外部委託機関を選定すれば、事後の措置などもスムーズに運用することができるでしょう。

　会社が必要とする業務（産業医に依頼できなかった業務）をすべて受けてもらえる委託先でなければなりませんので、次の6つの点を確認したうえで進めていくようにしましょう。

①国の定める要件を満たしたストレスチェック調査票を選定し、それを実施できる外部委託機関（委託先）を調査し、産業医に報告する。
②外部委託機関と相談のうえ、高ストレス者認定基準を決定し、産業医に報告・相談する。
③産業医に従業員周知の情報提供や、研修の実施を依頼する。できないようであれば、外部委託機関や顧問社会保険労務士に相談する。
④産業医にストレスチェック個人結果の内容の確認と、実施者としての記名、押印をしてもらえるかどうかを確認する。もしできないようであれば、外部委託機関の方で対応できるよう依頼する。
⑤産業医に事後の面接指導を実施し、面接記録および就業上の意見書を作成してもらえるかどうかを確認する。もしできないようであれば、外部委託機関に対応を依頼する。
⑥産業医に労働基準監督署への報告書に記名、押印をしてもらう必要があることを伝える。これは自社の産業医でなければならないと定められているため、かならず受けてもらわなければなりません。
＊①と②については、さきに産業医と相談したうえで決定してもよい。

〔パターン3〕
産業医の先生から「ストレスチェック制度についてはタッチしない」といわれた場合

　ときに、こういったケースもでてくるかもしれません。メンタルヘルス対策やストレスチェック制度についてはそれほど詳しくないので、できれば避けて通りたいという産業医の先生も少なくないのです。
　この場合でも、パターン2で挙げた項目のうち、⑥の労働基準監督署への報告書類への記名・押印だけは、産業医にお願いしなければなりません。それすらも断られるということであれば、残念ながら産業医の委託先としては不適当だといえますので、産業医の選任から再検討すべきでしょう。

2　事業者による方針の表明を行う

　ストレスチェック制度を導入するにあたって、次に行うのが、この事業者による方針の表明です。そもそもストレスチェックをどのような意図で導入するのか？　会社として社員の健康管理についてどのように考えているのか？　ほかの評価制度との関係は？（たとえば頑張る人がより頑張れる環境づくりという社是に対しての位置づけ）といったことを、従業員に対して説明する必要があります。
　ストレスチェックを絵に描いた餅にしないため、制度に魂を入れる工程となります。せっかくですから、社内でのメンタルヘルス対策のきっかけ（啓蒙活動の一つ）として実施いただければと思います。

衛生委員会（または安全衛生委員会）での調査審議を行う

　厚生労働省の指針では、「事業者は、ストレスチェック制度に関する基本方針を表明したうえで、衛生委員会（または安全衛生委員会）において、ストレスチェック制度の実施方法や実施状況及びそれを踏まえた実施方法の改善等について調査審議を行わせることが必要である」とされています。
　そのため衛生委員会（または安全衛生委員会）では、以下を行います。

①ストレスチェック制度の目的にかかわる周知方法の協議と決定
　2の事業者による方針の表明を受け、その後どのように周知するのかを協議し、決定します。多くの会社では、衛生委員会（または安全衛生委員会）の議事録の回覧や、社内イントラネットへの掲示等で対応されることが多いでしょう。

②ストレスチェック制度の実施体制の協議と決定
　ストレスチェックの実施者と共同実施者、実施代表者とその他の実施事務従事者を選任、明示します。実施者は「ストレスチェックを実施する人（医師等）」となりますが、産業医は選任されているが、実施者は外部委託業者だといった場合は、共同実施者と実施代表者として明確に区分して専任、明示する必要があります。
　こちらも衛生委員会（または安全衛生委員会）の議事録の回覧や、社内イントラネットへの掲示等で対応されることが多いでしょう。

③ストレスチェック制度の実施方法の協議と決定
　使用する調査票をどれとするかを協議します。また、高ストレス者の選定基準を協議します。今回のストレスチェックでは、高ストレス者の選定基準

は衛生委員会（または安全衛生委員会）で審議のうえ事業者の判断で決定することとなっています。多くの会社で利用されると思われる、職業性ストレス簡易調査票の場合、次の2つが高ストレス者の選定基準になります。

---

(1) 「心理的な負担による心身の自覚症状に関する項目」の評価点数の合計が高い者
(2) 「心理的な負担による心身の自覚症状に関する項目」の評価点数の合計が一定以上の者であって、かつ、「職場における当該労働者の心理的な負担の原因に関する項目」及び「職場における他の労働者による当該労働者への支援に関する項目」の評価点数の合計が著しく高い者

　補助的に、臨床心理士等の心理職が労働者に面談を行い、その結果を参考として選定する方法も認められています。会社の実情に合わせて選定基準を決定するとよいでしょう。
　なお、高ストレス者の基準に当てはまり、実施者による面接が必要と判断された社員が面談を申し出た場合、会社は医師による面接指導をかならず実施しなくてはなりません。

高ストレス者選定のイメージ

【高ストレス者に該当する者】
① 「心理的な負担による**心身の自覚症状**に関する項目」の評価点数の合計が高い者
② 「心理的な負担による**心身の自覚症状**に関する項目」の評価点数の合計が一定以上の者であって、かつ、「職場における当該労働者の**心理的な負担の原因**に関する項目」及び「職場における他の労働者による当該**労働者への支援**に関する項目」の評価点数の合計が著しく高い者

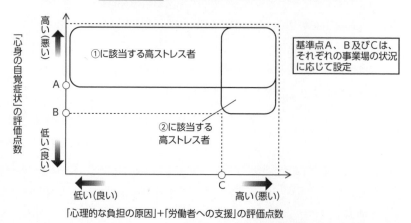

「改正労働安全衛生法に基づくストレスチェック制度について」
(厚生労働省労働基準局安全衛生部　労働衛生課産業保健支援室) より

さらに、ストレスチェックの実施頻度・時期、面接指導申し出の方法を協議します。

④ストレスチェック結果に基づく集団ごとの集計・分析の方法の決定
　集団的分析の際に、どの単位で区切るのかを検討します。
　10名未満となる単位で集団的分析を実施すると、実質的に個人が特定されるおそれがあるため、会社規模に応じて10名以上になるように設定する必要があります。

大規模事業所であれば部署単位で問題はないでしょうが、小規模な事業者の場合たとえば管理部門（人事・経理・IT・総務）といった単位でまとめるとよいでしょう。

⑤ストレスチェックの受検の有無の情報の取扱い方法の決定

社員がストレスチェックを受けたのか、また受けていないのかということについては、会社側は社員の同意なく知ることができます。そのため、受検の有無についての情報を受け取るかどうか、事前に決めておく必要があります。

未受検者に対して受検を強制することはできませんが、ストレスチェックは会社の成長につながるということを考えれば、少なくとも未受検者を把握し、受検を促すべきでしょう。

⑥ストレスチェック結果の記録の保存方法の決定

社員が同意し、事業者へストレスチェックの個人結果を開示した場合、事業者は、その結果について5年間の保管義務を負います。事業者は鍵のかかるキャビネット、またはパスワードで保管されたサーバーでの保管が義務づけられます。

ストレスチェックの実施を外部機関に委託した場合、その外部機関は5年間、その結果を保管することが望ましいとされています（義務化まではされていない）。しかしながら事業者は保管が適切に行われるよう外部機関に必要な措置が義務づけられているため、外部機関選定の際は、個人結果の保管の状況、体制についてもチェックする必要があるといえるでしょう。

実施者又はその他の実施実務従事者による結果保存の例

外部機関に委託する場合

〈保存方法〉

外部機関
ストレスチェック結果のデータを外部機関のキャビネット、サーバ内等に保管

嘱託産業医が保存者となる場合

〈保存方法①〉

嘱託産業医の診療所等
ストレスチェック結果のデータを診療所等のキャビネット、サーバ内等に保管

〈保存方法②〉

事業場
ストレスチェック結果のデータを事業場内のキャビネット、サーバ内等に保管

↑ 鍵、パスワード等を管理

嘱託産業医

専属産業医等、事業場内の実施者又は指名された実施事務従事者が保存者となる場合

〈保存方法〉

事業場
ストレスチェック結果のデータを事業場内のキャビネット、サーバ内等に保管

↑ 鍵、パスワード等を管理

事業場内の実施者又は指名された実施事務従事者

「改正労働安全衛生法に基づくストレスチェック制度について」
(厚生労働省労働基準局安全衛生部　労働衛生課産業保健支援室) より

⑦ストレスチェック、面接指導及び集団ごとの集計・分析の結果の利用目的及び利用方法の決定

　ストレスチェックの結果をどのような位置づけで利用するかを協議する必要があります。たとえば高ストレス者の多い職場から優先的に研修を実施する等を事前に協議しておく必要があります。

⑧ストレスチェック、面接指導及び集団ごとの集計・分析に関する情報の開示追加及び削除の方法の決定

　ストレスチェックの情報の「取り扱いルール」を明確に定めておく必要が

あります。

⑨ストレスチェック、面接指導及び集団ごとの集計・分析に関する情報の取扱いに関する苦情の処理方法の決定

　ストレスチェックに関する社内の苦情相談窓口を設置し、明示する必要があります。多くの場合、健康管理部門を統括する部門長が窓口になることが多いでしょう。

⑩労働者がストレスチェックを受けないことを選択できることの周知

　今回のストレスチェック義務化は、あくまで会社に対して実施を義務づけたものであり、個人に対して受検を義務づけたものではありません。そのため、受けないことを選択することもできると伝えつつ、この制度の趣旨と効果を説明し、理解してもらうことで、できるだけ受検するよう勧奨していく必要があります。

⑪労働者に対する不利益な取扱いの防止

　ストレスチェックの結果に基づいて、労働者に対して不利益な取り扱いを行うことは禁止されています。具体例としては、解雇や減給、降格、不利益な配置転換などがあげられます。

　「こういったことはしない」ということを明示し、社員への理解と安心を広げる必要があります。

4 従業員への説明と情報提供を行う

　これまでに「衛生委員会（または安全衛生委員会）での調査審議で協議したこと」を、従業員に説明する必要があります。一番望ましいのは、新制度

導入にあたり社員説明会を実施することです。

　説明および提供すべき情報は、次の3つが望ましいとされています。

> ①労働者によるセルフケアに関する助言・指導
> ②面接指導の対象者については、事業者への面接指導の申し出窓口及び申し出の方法
> ③ストレスチェック結果について、面接指導以外で相談できる窓口の提示

　このうち、③の相談窓口の設置ですが、私は社外に相談窓口を設置することを勧めています。というのも、なかなか社内の産業医は敷居が高いだとか、会社に伝わってしまわないか心配だという意見をよく聞くからです。

　いずれにせよ、相談しやすい窓口を設置することが、ストレスチェック実施後のメンタルヘルス対策の第一歩といえるでしょう。

ストレスチェックを実施する

　ここまでのステップを踏んで、やっとストレスチェックを実施することができます。ストレスチェックを外部へ委託する場合、このストレスチェックの実施のみを委託対象としているところが多いため、注意が必要です。かならず会社の状況に合わせて、必要な業務を依頼できる委託先を探しましょう。

個人への結果通知の返却と面談を実施する

　従業員に対して、実施者から個人結果を返却します。健康診断と違い事業主経由ではないことに注意が必要です（ただし、結果が厳封されており、中身がみえない状態であれば、会社から返却することも可能です）。

　高ストレス者で実施者が「面談が必要」と認めた人には、個人結果とともに医師による面談を勧奨する文章が入れられています。それをみた労働者が面談を申し出た場合には、会社は医師による面談を実施しなければなりません。

　面談申し出後のフローは、長時間労働に対する医師の面談と全く同じですから、これと同時に行っても構わないとされています。面談を申し出る人はそれほど多くないでしょうが、面談に対応できる医師を確保しておく必要があります。

面接指導結果報告書（例）

面接指導結果報告書 及び 事後措置に係る意見書

本報告書および意見書は、改正労働安全衛生規則第52条の6の規定（事業者は面接指導の結果の記録を作成し、これを5年間保存すること。当該記録は労働者の疲労の蓄積の状況、心身の状況、事後措置に係る医師の意見等を記入したもの）に基づく面接指導の結果の記録に該当するものです。

面接指導結果報告書

対象者	(社員番号) （　　　　　）		所属部門	部	課
	氏名		男・女	年齢	歳

疲労の蓄積の状況	0.なし　1.軽　2.中　3.重	特記事項
配慮すべき心身の状況	0.なし	
	1.あり	

判定区分	診断区分	0.異常なし　1.要観察　2.要治療	事後措置として指導・勧告の必要性	0.不要	1.要
	就業区分	0.通常勤務　1.勤務制限　2.要休業		□必要事項	
	指導区分	0.指導不要　1.要保健指導　2.要医療指導		□下記意見書に記入	

医師の所属先		実施年月日	年　月　日	印
		医師氏名		

事後措置に関わる意見書

就業上の措置	労働時間の短縮	0.特に指示なし	4.変形労働制または裁量労働制対象からの除外
		1.時間外労働の制限　　時間／　月まで	5.就業の禁止（休暇・休業の指示）
		2.時間外労働の禁止	6.その他
		3.就業時間を制限　時　分～　時　分	
	労働時間以外の項目（具体的に記述）	主要項目　a.就業場所の変更　b.作業の転換　c.深夜業の回数の減少　d.昼間勤務への転換　e.その他	
		1)	
		2)	
		3)	
	措置期間	日・週・月　（次回面接予定日　年　月　日）	
	医療機関への受診配慮等		
	連絡事項等		

医師の所属先		実施年月日	年　月　日	印

人事部長	人事部	部長	所属長

集団的分析の実施と職場改善活動を行う

　本文でも説明した通り、会社は集団的分析の結果に応じて、その後の職場改善活動をしていかなければなりません。ストレスチェックだけを実施して、おしまいというわけではないのです。

　上司の支援に問題がある職場については、管理職研修を実施するといったように、なんらかのかたちで次の施策につなげていくことが大切です。この職場改善活動を繰り返し続けていくことが、理想的なストレスチェック制度の活用法であるといえるでしょう。

 ## 労働基準監督署への報告を行う

　ストレスチェックの実施後、「心理的な負担の程度を把握するための検査結果等報告書」（次ページに見本を掲載）により、労働基準監督署へ報告します。

心理的な負担の程度を把握するための検査結果等報告書

様式第6号の2（第52条の21関係）（表面）

心理的な負担の程度を把握するための検査結果等報告書

80501

労働保険番号	部道府県	所掌	管轄	基幹番号	枝番号	被一括事業場番号

対象年	7:平成 → 元号 年 年分（1~9年は右へ）	検査実施年月	7:平成 → 元号 年 月（1~9年は右へ 1~9月は右へ）
事業の種類		事業場の名称	
事業場の所在地	郵便番号（　　　） 電話（　　）		

		在籍労働者数	人（右に詰めて記入する）
検査を実施した者	1：事業場選任の産業医 2：事業場所属の医師（1以外の医師に限る。）、保健師、看護師又は精神保健福祉士 3：外部委託先の医師、保健師、看護師又は精神保健福祉士	検査を受けた労働者数	人（右に詰めて記入する）
面接指導を実施した医師	1：事業場選任の産業医 2：事業場所属の医師（1以外の医師に限る。） 3：外部委託先の医師	面接指導を受けた労働者数	人（右に詰めて記入する）
集団ごとの分析の実施の有無	1：検査結果の集団ごとの分析を行った 2：検査結果の集団ごとの分析を行っていない		

折り曲げる場合は、（◂）の所を谷に折り曲げること

産業医	氏名 ㊞ 所属医療機関の名称及び所在地

年　月　日

事業者職氏名 ㊞

労働基準監督署長殿

受付印

報告が義務づけられている項目は、以下の通りです。

```
＊在籍労働者数
①検査を実施した者
②検査を受けた労働者数
③面接指導を実施した医師
④面接指導を受けた労働者数
⑤集団ごとの分析の実施の有無
```

「心理的な負担の程度を把握するための検査結果等報告書」の最下部には、健康診断と同じように産業医の記名押印欄があります。このため、かならず産業医の協力を受けなければならないことがわかります。

なお、年に複数回実施した場合は、最後に実施した後に報告することとなっています。

以上がストレスチェック制度の概要になります。

ただストレスチェックをするだけではなく、多くの工程があることはご理解いただけたかと思います。自社だけで実施することが困難であると判断された場合は、信頼できる外部機関に委託することも選択肢の一つであるといえます。

詳細な手順については、拙著『よくわかる！ストレスチェック制度の業務フローと実務』（日本法令）や『図解ストレスチェック実施・活用ガイド』（中央経済社）を参照いただければ幸いです。

あとがき

　この本では、「メンタルヘルス対策は、費用ではなく投資である」ということ、そして「メンタルヘルス対策は、業績向上のための経営施策である」ということをお伝えしてきました。きっとそのことについては、ご納得いただけたであろうと思っています。

　多くの会社で、従業員は頑張って仕事をしています。しかしながら、あなたの会社はこの本の冒頭でお話しした「悪循環の図」のようなパターンで、長期的には企業の活性化が低下したり、生産性が低くなったりしていませんか？

　優秀な人ほどよけいに負担がかかって、そして辞めていくという悪循環を断ち、優秀な人がより頑張れる環境をつくり、きちんと処遇をし、その結果、頑張る人がより頑張れる環境になっていくのが、本書の究極の目的であるといっても過言ではありません。

　そういう意味では、2015年12月1日施行の労働安全衛生法の改正、通称「ストレスチェック法案」は、後世で「企業のメンタルヘルス対策の大転換期」として語られることになるだろうと思います。なぜなら、企業にメンタルヘルス対策の第一歩であるストレスチェックをはじめて義務づけたからです。そういう意味で、まさに「2015年はメンタルヘルス元年である」といえるのです。

　本書を執筆しているのは、法施行直前の11月ですが、すでにマイナンバ

ーの対応が終わった多くの企業から、お問い合わせをいただいています。これらの企業の担当者の方々と話していて感じるのは、メンタルヘルス対策の重要性を理解はしているものの、どこからはじめてよいのかわからないと感じられているということでした。その意味では国の狙い通り、まずはストレスチェックを実施し、その後の対応につなげていくことがとても大切であるといえるでしょう。本書でお伝えした通り、ストレスチェック単体では何の意味もなさず、単なる紙切れになってしまうからです。職場改善活動はもちろんのこと、研修実施や社外・社内での相談窓口の設置、頑張る人をきちんと評価できる人事評価制度を構築していくことが、とても大切になるのです。

　頑張って働いて、体調をくずしてしまうことほど悲しいことはありません。私はこれまでに、一生懸命頑張りすぎて、メンタルヘルス疾患に罹患し、その後、長期にわたって復職できず苦しんでいる人をたくさんみてきましたが、これだけは絶対に防がなくてはいけないと思っています。

　一方で、「一生懸命頑張って結果を出しているのに、頑張っていない人と同じように処遇される」、あるいは「頑張らない人のほうが得な環境で頑張る」ということほどむなしいものはありません。大企業や公務員的な風土の企業ではこのパターンも案外多いように思います。一握りの優秀で頑張っている人だけが頑張り、ほかの人はそれなりか、あるいは平均以下……。それでも会社が存続できるのです。とはいえ、それでは優秀で頑張っている人が、いつまでも頑張ることは不可能となるはずです。

　メンタルヘルス対策といえば、これまで大企業が中心で、さらに、どちらかというと弱者救済の面のみが注目されてきました。人事担当者も目の前の休職者の対応に追われ、大局的に「全社で活気が出るためにはどうしたらよ

いのだろうか？」「そもそも休職者が発生しない職場とはどのようなものなのだろうか？」という視点が少なかったように思います。

　本書では、メンタルヘルス対策の投資的側面であったり、これまで問題にならず注目されてこなかった、「頑張る人にフォーカスを当てること」の大切さをお伝えしてきたつもりです。

　私は「頑張る人がより頑張れる環境」というのが、生産性が高く、活気があり、休職者が少ない職場のキーワードであると考えています。そのような職場づくりを目指す経営者、人事の方たちがどんどんと増えていく、本書がそのお役に立てるのであれば望外の喜びです。

　最後に、本書の出版にあたり、"毎週の文通"というかたちで、細かく締め切りを設定し、励ましながら原稿管理をしてくださったTAC出版編集部の森孝時さんと後藤朱さんに、この場をお借りして感謝をお伝えしたいと思います。遅筆な私を最後まで鼓舞し続けていただき、ありがとうございました。

植田 健太

参考文献

本書の執筆にあたっては、以下の書籍、文献、Websiteを参考としました。

■書籍・文献
- 『職業性ストレスモデル』National Institute for Occupational Safety and Health（米国立労働安全衛生研究所）
- Joseph P. Opatz『Economic Impact of Worksite Health Promotion』
- 『労働者の自殺リスク評価と対応に関する研究』平成16年度厚生労働科学研究費補助金（労働安全衛生総合研究事業）
- 『マイナビ転職 中途採用状況調査（2012年9月～2013年8月）』株式会社マイナビ
- 『労働安全衛生法に基づくストレスチェック制度実施マニュアル』厚生労働省労働基準局安全衛生部 労働衛生課産業保健支援室
- 『新規学卒者の離職状況（平成23年3月卒業者の状況）』厚生労働省
- スティーブン・R・コヴィー『7つの習慣』（キングベアー出版）
- 『改正労働安全衛生法に基づくストレスチェック制度について』厚生労働省労働基準局安全衛生部 労働衛生課産業保健支援室
- ウエルフルジャパン『よくわかる！ストレスチェック制度の業務フローと実務』日本法令
- 植田健太『図解 ストレスチェック実施・活用ガイド』中央経済社

■Website
- 「こころの耳」働く人のメンタルヘルス・ポータルサイト（厚生労働省）
  http://kokoro.mhlw.go.jp/
- 「厚生労働省」サイト
  ストレスチェック等の職場におけるメンタルヘルス対策・過重労働対策等
  http://www.mhlw.go.jp/bunya/roudoukijun/anzeneisei12/
- 独立行政法人　労働者健康福祉機構
  http://www.rofuku.go.jp/

● 著者プロフィール

植田健太（うえだ・けんた）
Office CPSR（オフィスシーピーエスアール）臨床心理士・社会保険労務士事務所代表。一般社団法人ウエルフルジャパン理事。産業能率大学兼任講師。早稲田大学卒業、早稲田大学大学院修了。キヤノンアネルバ株式会社、キヤノン株式会社の2社で約10年間、人事を経験後、現事務所を設立し独立。
現在は、企業向けメンタルヘルス対策コンサルタントをしながら、セミナーを多数実施。NHK番組でのコメンテーター等もこなしている。
著書に『図解 ストレスチェック実施・活用ガイド（中央経済社）』、共著として『よくわかる！ストレスチェック制度の業務フローと実務（日本法令）』などがある。

なぜストレスチェックを導入（どうにゅう）した会社（かいしゃ）は伸びたのか？

2015年12月26日　初版　第1刷発行

著　者	植田健太
発行者	斎藤博明
発行所	TAC株式会社 出版事業部（TAC出版） 〒101-8383 東京都千代田区三崎町3-2-18 電話　03-5276-9492（営業） FAX　03-5276-9674 http://www.tac-school.co.jp/
組　版	株式会社 グラフト
印　刷	今家印刷株式会社
製　本	株式会社 常川製本

©Kenta Ueda 2015　Printed in Japan　ISBN 978-4-8132-6450-7
落丁・乱丁本はお取替えいたします。

本書は、「著作権法」によって、著作権等の権利が保護されている著作物です。本書の全部または一部につき、無断で転載、複写されると、著作権等の権利侵害となります。上記のような使い方をされる場合、および本書を使用して講義・セミナー等を実施する場合には、小社宛許諾を求めてください。

視覚障害その他の理由で活字のままでこの本を利用できない人のために、営利を目的とする場合を除き「録音図書」「点字図書」「拡大写本」等の製作をすることを認めます。その際は著作権者、または、出版社までご連絡ください。

新規ビジネス立ち上げのトリセツ

実際に新規ビジネスを立ち上げた実話を下敷きに、新規ビジネスの立ち上げのために必要な知識、考え方をわかりやすく伝えていく、シンプルロジックの「取扱説明書」。秘密兵器の「設計シート」付属の使える1冊です。

奥村光英 著
定価 1,500円（税別）

格安航空会社の企業経営テクニック

メディアで話題の格安航空会社（LCC）は、「薄利多売」ではなく「高利多売」のシステムで高利益を達成しています。この経営ノウハウの秘密を解き明かすとともに、他業種での活用法も解説していきます。

赤井奉久　田島由紀子 著
定価 1,200円（税別）

突き抜ける経営
The Breakthrough Management

顧問先が次々と最高益を更新している、気鋭の著者初の実践経営書。いかなる経済状態にも負けない経営の本質をとらえ、実行・実践へ落とし込んでいくための道筋をお教えします。

村上和徳 著
定価 1,400円（税別）

好評発売中

クレーム・パワハラ・理不尽な要求を必ず黙らせる切り返し話術55の鉄則
神岡真司 著／定価:本体1,200円（税別）

パワハラ呼ばわりに怯えることなく部下をコントロールする賢い上司の話術50の鉄則
神岡真司 著／定価:本体1,200円（税別）

幸せの順番
鳥飼重和 著／定価:本体1,200円（税別）

TAC出版

ご購入は、全国書店、大学生協、TAC各校書籍コーナー、
TAC出版出版の販売サイト「サイバーブックストア」(http://bookstore.tac-school.co.jp/)、
TAC出版注文専用ダイヤル☎0120-67-9625 平日9:30〜17:30）まで

お問合せ、ご意見・ご感想は下記まで
郵送:〒101-8383 東京都千代田区三崎町3-1-5
TAC株式会社出版事業部
FAX:03-5276-9674
インターネット:左記「サイバーブックストア」